DIE NEUEN TIECK-BÜCHER

STEFAN ANDRES

»Des Lebens tiefste Weisheit liegt im Wein«

—————

Heitere Kulturgeschichte des Rebensaftes

DIE NEUEN TIECK-BÜCHER
LANGEN-MÜLLER

Wiedergabe mit freundlicher
Genehmigung des R. Piper & Co Verlags, München,
wo das Buch unter dem Titel erschien:
»Main Nahe(zu) Rhein Ahrisches Saar Pfalz Mosel
Lahnisches Weinpilgerbuch«

© 1989 by Langen Müller in der F.A. Herbig
Verlagsbuchhandlung GmbH, München
Alle Rechte vorbehalten
Schutzumschlaggestaltung: Wolfgang Heinzel
unter Verwendung des Gemäldes »Studium der deutschen
Künstler neuerer Zeit in Rom« (Ausschnitt)
von Wilhelm von Kaulbach
Satz: SatzStudio Pfeifer, Gräfelfing
Gesetzt aus der 10/12 Pkt. Walbaum Lino
Druck: Jos. C. Huber, Dießen
Bindung: Thomas-Buchbinderei, Augsburg
Printed in Germany

ISBN 3-7844-2277-2

Zum Eingang

*»Nimmer würde ein Mensch, der Durst nach
Wein hat, so sehnlich seiner begehren,
sofern nicht etwas von Gott in ihm wäre.«*
Meister Eckhart

Wir haben uns hier vorgenommen, jedem,
der dies kleine Buch lesen will, eine Anleitung
zu geben, wie er die ergötzliche, aber auch an-
strengende Pilgerfahrt zum Wein unternehmen kann. Denn wenn da irgendein Al-
lestrinker glaubt, daß der Wein selber ihm so
nahe sei wie das gefüllte Glas, das vor ihm
steht und daß der Wein ein Ding sei, das er
mit dem Kauf auch sich gleichzeitig seelisch
ganz zu eigen gemacht und im Geist erkannt
habe, der irrt wie ein Mann, der meint, es genüge, um eine fremde Sprache zu erlernen,
die entsprechenden Bücher zu erwerben und
sich unters Kopfkissen zu legen. Und was
sieht denn auch leichter aus, als eine Flasche
Wein zu leeren! Es ist sicherlich so leicht, wie
mit einem Brett vor dem Kopf in einer Aus-
stellung an einer Wand mit Bildern vorbeizu-
gehen. Was nämlich den meisten Menschen

vor der Flasche Wein und den Bildern abgeht, ist die geschmackliche Bildung oder die Ehrfurcht – oder sogar beides!

Im übrigen muß der Freund des Weines wie der Freund der Kunst eine natürliche Anlage mitbringen, sonst nützen alle Bildungsversuche nichts. Die Enden seines Wesens, die der Welt saugend aufsitzen, müssen empfindlich und wach sein und ebenso zum Maßhalten wie zur Unersättlichkeit in der Erfahrung neigen. Ein solcher Mensch weiß oft schon als Kind, daß ein Glas Himbeersaft und ein Glas Rotwein rot, zum Trinken bestimmt und gut sind, daß aber der Wein nach Sonne schmeckt und das Herz jäh zum Glühen bringt. Der Wein tanzt auf der Zunge, während der Himbeersaft mit einer freundlichen Großmuttergeste den Durst beschwichtigt. Diese Sicherheit, ja, Zielhaftigkeit in dem doch höchst primitiven Geschmackssinn zeichnet den Freund des Weines meist schon in der Jugend aus, wenn er auch erst im beginnenden Mannesalter dem Gotte in allen, auch den bescheidensten Gestalten, zu begegnen trachtet.

Die gewisse Flasche

Doch nun reden wir nicht mehr vom Wein im allgemeinen – das führt zu nichts! –, wir reden von einer ganz bestimmten Flasche, die von der Hand des Gastfreundes vor unser geistiges Auge hingestellt wurde. Da aber die Seite mit dem Etikett unserm Blick noch – wohl mit Absicht – abgewandt ist, können wir nur von der Flasche sprechen, von der Flasche an sich. Da steht sie also vor uns. Wenn man richtig hinschaut, leuchtet sie wie ein tiefer, unergründlicher Smaragd. Ihr gläserner Leib, glatt, rund und schlank, ist gegen die Umwelt ebenso abgeschlossen wie dem Griff sich darbietend – woraus bereits zu entnehmen ist, daß die Flasche die Kunst der Verlockung sogar in ihrem Glase sitzen hat. Doch steht sie auf ihrem Tisch gereckt und ungelenk wie ein Vogel, der auf der Erde nur stehen, aber nicht gehen kann; der nicht hier unten, sondern im Himmelsraum zu Hause ist. Und seht auch, Freunde, wie diese Flasche sich nach oben verjüngt, als wollte sie im nächsten Augenblick als eine Weinrakete durch die Zimmerdecke schießen

und uns alle, nachdem sie uns mit ihrer Seele
feurig und leicht machte, in das Grenzenlose
entführen. Indes – mit dieser Reise eilt es nicht.
Lassen wir die Flasche darum zunächst unter
der Hut des Korkens. Ehe sie sich unserm Blut
vermählt und ihre Lebensaufgabe in unserer
Seele erfüllt, möchten wir einen anderen, rein
geistigen Rausch von dieser Flasche haben: Wir
möchten uns nämlich in das Geheimnis des
Daseins versenken, möchten wissen, aus welchen Tiefen der Vorzeit sie heraufkommt, möchten ihre Altvorderen kennen, ihr Schicksal erfahren, ihr Herkommen, ihre Lebensumstände,
möchten wissen, wer ihre Eltern sind, wo sie
geboren ist, wie ihre Jugend war, ihre Erziehung; möchten ihren Charakter verstehen, uns
in ihr Wesen versenken, ihren Namen schmekken – und nicht nur mit der Zunge; wir möchten sie, wie die echte Liebe es will, erkennen!

Älter als die Sintflut

Der Wein ist so alt wie das Brot. Das Brot aber
ist so alt wie jener Mensch, dem Prometheus

das Feuer gebracht hat. Auf der durch das Wasser verwüsteten Erde »fing Noah an und war ein Ackermann und pflanzte Weinberge«. Da aber nun niemand über Nacht, selbst nicht aus Verzweiflung, über derart sündig viel Wasser zum Winzer wird, war Noah, so müssen wir schließen, entweder schon vor der Flut im Weinbau bewandert, oder er hatte Kunde erhalten von dieser hohen Kunst, hatte vielleicht ein Buch gerettet und mit in die Arche genommen, eine auf tönernen Täfelchen eingeritzte Geschichte wie diese:

Vom Baum des fröhlichen Vergessens und der Vereinigung

Ich, Kaufmann Zuzuhihi Rakahuk aus Ur, wurde auf meiner Reise in das Goldland Poot von Räubern verschleppt. Sie brachten mich fast bis an das Ende der Welt. Und es reuet mich nicht, denn dort lernte ich den Baum des fröhlichen Vergessens und der Vereinigung kennen. Dieser Baum wird älter denn Schildkröten, sieht aus wie eine hölzerne Schlange und ist eigentlich ein häßlicher Baum, doch hat er wunderbare Früchte. Seine Blätter haben fünf Finger, durch welche Übereinstimmung mit der heiligen Fünfzahl der Baum deutlich uns sagt, daß er greifet nach unserem Herzen mit zehnmal zehn Blättern. Die Früchte dieses wunderbaren Baumes sind wie Perlen zusammengebündelt, immer zehnmal fünf an derselbigen Stelle und ähnlich den Eutern von Ziegen, wiewohl ihre Farbe gülden ist oder auch rubinen, je nach dem Geiste, der sie bewohnet und aus dem Baum trachtet zu kommen in das Herz des Menschen. Die Früchte springen im Munde, sobald man darauf beißet, auf und spritzen Süßigkeit nach allen fünf Windrichtungen innerhalb des Mundes. Man kann auch die Früchte hängen, wie die Männer tun in diesem Lande, den Weibern um den Hals, fünfzig an einem Stiele, und sie so naschen zwischen den Brüsten fort, nur mit den Lippen, welches Spiel in diesem freundlichen Land geübt wird in den Tagen des kleinen Zisar zwischen Männern und Weibern, zuvörderst aber zwischen den jungen, und ist viel Ergötzens.

Dieser wunderbare Baum aber trägt keine Früchte, wenn nicht eine Ziege, ein Büffel und ein Kamel ihn abweiden, von oben bis unten. Und selbiges muß geschehen zur rechten Zeit, nämlich wenn die ersten Blätter aus dem Holze lecken und die Zeit anzeigen. Und darf auch nicht zuviel geweidet werden von den Tieren, da sonst keine Frucht kommt. Die Tiere aber wecken den Geist im Baum und geben ihm von ihrer Sinnesart. Denn so man die Perlenfrüchte nicht genießet, noch mit den Lippen von der Brust des Weibes zupft, sondern in einen Topf wirft und mit den Füßen tritt, bis sie vergehen; und so man weinet dabei und seufzt über das Vergehen ihrer schönen Ründe und ihres Glanzes; und so man sie läßt, als verachte man sie, und sie einsam läßt in der Dunkelheit des Topfes auf fünfmal zehn Tage und dann wiederkommt und seihet alles durch ein Linnen, ist entstanden das wahre Wunder des wundersamen Baumes. Der hat gelassen sein Blut, denn das von dem roten Baum sieht aus wie reines Opferblut und das von dem güldenen wie das Wasser des fruchtbaren Taraflusses. Und wer davon trinket eine Schale, spürt die

Sinnesart der Ziegen: Er macht Äuglein, trippelt, ist neugiervoll und meckert vor Fröhlichkeit und macht Sprünge. So er trinket die zweite Schale, spürt er die Sinnesart des Büffels: beginnt zu brüllen, soviel Kraft spürt er, weicht nicht ab von seinem Wort und seinem Willen, sondern senkt den Kopf und geht mitten durch alles. Da solche Sinnesart ihn und andere zu Schaden bringen könnte, trinket er alsbald die dritte Schale und empfängt die Sinnesart des Kamels: wird lautlos und schaut von ferne zu und lächelt und will jedermann auf den Schultern tragen bis an die Grenzen der Erde. Und ist zufrieden und beginnt zu leben und zu danken— und ist wieder still und kann kein Ende finden. Wer aber da noch trinket die vierte Schale, empfängt den Geist des Baumes: läßt sich benagen von scharfen Worten und hat vergessen, wer er ist. Sondern er öffnet den Mund und singt von ferne, wie nicht er selber. Seine Stimme klingt wahrhaft wie die eines andern, aber eines, den er liebt.

Trinkt er aber die fünfte Schale, die heilige, was nur wenige vermögen, redet er leise mit den Steinen, umarmt er Bäume und Tiere und auch Menschen – aber nicht mehr wie Frauen oder Männer, sondern alle wie heilige Gefäße. Manche haben den Tod umarmt und zu ihm Vater und Mutter und Geliebter gesagt und waren ohne Tränen, denn alles war gut. Welchen Geist er aber wirklich trank in der fünften Schale, das konnte noch nie einer sagen.

Doch sagten die Leute in diesem freundlichen Lande, daß die meisten nur bis zur vierten Schale gelangen. Trinkt aber einer ohne Kunst und ohne den Geist des Baumes zu suchen die dritte, fällt er um, kriecht auf allen vieren, und der Trunk verläßt ihn sogar manchmal wieder zum Munde hinaus, und er wird zum Ekel und Gelächter. Darum nennen die Leute das Trinken vom Saft des wunderbaren Baumes nicht trinken, sondern: die Geister suchen des fröhlichen Vergessens und des Vereinens. Der Geist der fünften Schale wird nämlich von manchen Geist des Vereinens genannt, doch andere sagen, man dürfe den Geist der fünften Schale nicht nennen.

Wer aber von diesem Baum trinket, darf kein böses Geheimnis haben, denn mit jeder Schale wirft der Trinkende ein Kleid von seinem Geiste ab, bis er nackt dasteht, zu seinem Lob oder zu seiner Schande.

Jene aber, die bis zur fünften Schale gelangten und mit ihrer Nacktheit des Geistes kein Auge verletzten und mit den Sprüngen des Bockes die Würde des Kamels zu verbinden wissen und, wiewohl sie den Tod umarmen, nicht nach Verwesung riechen, sondern wie ein roter oder güldener Stein leuchten, je nach dem Geiste, dessen sie voll sind; die also den Geist der fünften Schale im Gesicht tragen – sie sind in diesem freundlichen Lande die Priester! Und sie schlachten keine Tiere, sondern brechen Brot, davon sie einen Teil in die Flamme tun, das nennen sie: zurücktun. Das übrige Brot verteilen sie mit dem Wein. Diese Priester heißen: die Herren der fünften Schale, haben das dritte Auge, ertragen die Schmerzen des Lebens, weinen selten und lachen häufig und sind große Väter und graben das Gefälle im Strom des Volkes. Sie sterben nicht, sondern sie sagen, sie tun sich zurück und kommen dann wieder und leben immer. Hat einst ein Herr der fünften Schale verkündet eine Flut, und sie ist nicht gekommen bis

zu dieser Zeit. Er ging in den See Lichtomir
und tat sich zurück, weil er sich von einem der
Geister im wunderbaren Baum betrogen
hielt; sein Name ist Bokaresch und lebte in
dem freundlichen Lande siebenmal hundert
Jahre nach dem Sturz des Tyrannen von Ur.
Im freundlichen Lande aber zählen sie die
Jahre nach dem ersten Erscheinen des Geistes im wunderbaren Baum, und das ist zehnmal hundert Jahre vor dem Sturz des Tyrannen. So alt ist dieser Baum. Und soll es ihn
schon früher gegeben haben, doch gab er sich
dem Menschen nicht zu erkennen.

Das Weingesetz aus dem Jahre
2250 v. Chr.

das, in eine Säule eingehauen, in einem baby-
lonischen Tempel stand, schrieb vor:
»Weinschenken dürfen nicht dulden, daß
sich lärmende Zecher in den Schenken auf-
halten. Sie müssen vielmehr – bei Todesstra-
fe! – die Lärmenden den Hütern der Ordnung
übergeben. Tempelfrauen und Nonnen aber

ist es bei der Strafe des Feuertodes verboten,
Weinschenken zu eröffnen oder auch nur eine
Schenke zu betreten. Zur Zeit der Ernte dürfen
geistige Getränke nur in vorgeschriebenem
Maße ausgeschenkt werden. Weinschenken,
die das Maß überschreiten, werden bestraft.«
So Hammurabi, der gestrenge König von Ba-
bylon.

Das wußten die alten Perser

Ihre Ratsherren berieten sich, wie Herodot
berichtet, über die wichtigsten Fragen im
Rausch und prüften dann nüchtern noch einmal die getroffenen Entscheidungen. Nicht
im Wein gefaßte Beschlüsse dagegen wurden
noch einmal im Purpurlicht der Trunkenheit
betrachtet. Das ganze deutsche Mittelalter
hat mehr oder minder an dieser Weisheit der
Perser festgehalten. Die Ratsherren hatten
ihr Krüglein vor sich stehen, das nimmer leer
wurde, und es ist in den Chroniken von manchem harten Strauß die Rede, den die Ratsherren um das ihnen zustehende Maß der

Weisheit geführt haben. Die sich vor allem durch Langeweile, Mißtrauen und abstrakte Sachlichkeit auszeichnenden Konferenzen unserer Tage – ach, wie verliefen sie wohl, wenn jeder der Teilnehmer verpflichtet wäre, in jeder Stunde eine Flasche Wein zu leeren!

Vom Gemischten zum Ungemischten

Die Griechen hatten in homerischer Zeit zum Wein ein ähnlich maßvolles und doch inniges Verhältnis wie etwa heute der Mittelmeermensch. Bei Homer wird stets Wasser in den Wein getan; noch der heutige Grieche ruft nicht nach »ionos«, sondern nach »krasi«, das heißt: Gemischtem!

*Dann füllt er des süßen, funkelnden Weines
Einen Becher und goß ihn in zwanzig Becher
voll Wasser,
Und den schäumenden Kelch umhauchten
balsamische Düfte
Göttlicher Kraft.*

Doch muß mit Rücksicht auf etwa gelehrige
Weinpanscher oder brave Hausfrauen, die
schon die Ohren spitzen, gesagt sein, daß der
südliche Wein einen so vollen und schweren
Körper hat, wie ihn nur Polypheme, Titanen
und Skythen ertragen können, von welch
letztgenannten die Griechen mit Verachtung
sagten, daß sie den Wein ungemischt tränken
und in solchen Mengen, wie das Pferd Wasser
säuft. Die Skythen sollen aber die Vorfahren
der Russen sein!
Bei Dichtern und Schwärmern jedoch setzte
sich langsam die Sitte durch, Ungemischten zu
trinken. So heißt es in einem dem Weinsänger
Anakreon aufs Grab geschriebenen Gedicht:

Den ungemischten Wein hat er geliebt,
Und voll des Trankes schlug er dann die Leier,
Die sich dem Preis der Knaben gern ergibt
Im Taumel des Gelags zur nächt'gen Feier.

Bei den Griechen galt wie bei keinem andern Volk der altdeutsche Spruch: »Wein
ist der Poeten heiliger Geist.« Keiner, der
in Griechenland zur Leier sang, war dem
Gott der Ekstase und der Vereinigung abhold;

fast jeder Dichter huldigte ihm in Versen,
viele widmeten ihm den Großteil ihres Wer-
kes.

So weit brachte es Muley, der Dieb,
Daß er trunken schöne Lettern schrieb.

———

Die Straße des Weines

führt von den Griechen sehr früh vor allem zu
den Römern. Diesem aufregend nüchternen
und tüchtigen Volk hat der Weinfreund sicherlich noch mehr zu danken als den Griechen. Die römischen Dichter, allen voran Horaz, feierten den Wein anmutig, voll Begeisterung und Hingabe, und doch ist ihr Verdienst
nicht zu vergleichen mit jenem der Agrar-
schriftsteller, die durch ihre Beobachtungen,
Versuche und die schriftliche Verbreitung
ihrer gewonnenen Erkenntnisse den Anbau
der Reben zum Edelweinbau entwickelten
und auf eine solche Höhe brachten, daß man
zur Zeit des Augustus sicherlich viel feineren
Wein trank als im Mittelalter. Jene Weine,

deren Duft Horaz so begeistert pries, blieben nach dem Niedergang des römischen Reiches mehr als ein Jahrtausend verschwunden, bis der moderne Qualitätsanbau, der vor etwa hundertfünfzig Jahren einsetzte, dem Wein die verlorengegangene Blume zurückfand.

Auf den Fersen der römischen Kohorten

folgte, wohin die Eroberer sich auch wandten, der von den Tigern gezogene Wagen des Weingottes. Wann genau Dionysos seinen Siegeszug die Mosel herab antrat, weiß man nicht. Doch steht es fest, daß der Weingenuß durch die Griechen bereits an Mosel und Rhein bekannt war, als die ersten Weinberge auf den Moselhügeln um die römischen Villen herum angelegt wurden. Indes – uns ist der genaue Termin nicht allzu wichtig, wir freuen uns vielmehr, daß der Gott uns überhaupt fand, daß er uns die Rebe anvertraute und daß er aus den keltischen Schweinezüchtern ehrsame Winzer machte.

An der Mosel auf den blauen Schieferleyen
Schrieb der Römer uns ein feuriges Wort,
Und wir übtens – mag der Himmel uns
verzeihen –
Von dem Vater auf den Jungen fort und fort:
Vinum bonum!

In den feuchten Kellern steht ihr im Examen
Um das beste Faß und pumpelt fein,
Und findet ihr nicht Worte mehr und Namen,
Fällt ihr lallend euer Urteil auf Latein:
Vinum bonum!

Braunes Mädchen, sieh, die Mosel will zum
Rheine,
Wie sie schüchtern und krümmlich auch tut.
Ei, du Feine, sieh, die Traube will zum Weine,
Und der Wein will sein das Feu'r in unserm
Blut!
Vinum bonum, vinum bonum!

Wein so grün wie der Abendschein,
Echt wie das Herz der Liebsten mein!
Vinum bonum!

Die Moselaner rechneten damals zu den Tre-

versen, die aber waren Kelten, Gallier. Diese
ruhmsüchtigen, zänkischen und immerzu
Feste feiernden Krieger standen in dem Ruf,
noch größere Säufer zu sein als die Germa-
nen. Der heilige Ambrosius, der ja ein gebore-
ner Trierer war, berichtet von Wettkämpfen,
darin die Waffen in Weinhumpen bestanden.
Es gab Richter, Zensuren, Preise – aber auch
Strafen für den, der mogelte und Wasser in
den Wein tat! Venantius Fortunatus bemerkte
in einem Brief an Papst Gregor, daß die Gallier wie Rasende auf ihre Gesundheit tränken.
Wer es nicht tue, gelte als ein Weichling. Man
müsse sich glücklich preisen, bei einem solchen Gelage mit dem Leben davonzukom-
men. Wir schließen daraus, daß der fromme
Dichter ein kräftiger Zecher war, denn sein
genauer Bericht läßt erkennen, daß er mehr
als einmal mit dem Leben davongekommen
war ... Der trierische Priester Salvianus, der
im fünften Jahrhundert zur Zeit der Franken-
stürme in Trier lebte, weist in seinem Buch
»Von der Weltregierung« den Trierern den
allerdings bemerkenswerten Grad von Be-
säufnis nach, daß sie, als die Franken in die

Stadt eingedrungen waren, statt zu kämpfen, weitergezecht hätten. Aus all dem, was uns diese durchaus glaubwürdigen Zeugen aus jener Zeit berichten, ist zu entnehmen, daß der Weingott, indem er an der Mosel die Rebe pflanzte, auf einen dankbaren Boden gestoßen war.

> *Willst du mit mir hausen,*
> *So laß die Bestie draußen.*

———

Der Weingott erzählt, wie Kaiser Karl den Wein an den Rhein brachte

»Wo jetzt die wundervollen Weingärten stehen, vom Ufer hinauf an die Rücken der Berge, und hinauf und hinab am Rheintale Traube an Traube sich schlingt, da lag sonst wüster, düsterer Wald. Einst schaute Kaiser Karl aus seiner Burg in Ingelheim an den Bergen hin, er sah, wie die Sonne schon im März so warm diese Hügel begieße und den Schnee hinabrolle in den Rhein, wie so frühe die Bäu-

me dort sich belauben und das junge Grün
dem Frühling voraneile aus der Erde. Da er-
wachte in ihm der Gedanke, Wein zu pflanzen, wo sonst der Wald lag. Und ein geschäfti-
ges Leben regte sich im Rheingau bei Ingelheim, der Wald verschwand und die Erde war
bereit, den Weinstock aufzunehmen. Er
schickte Männer nach Ungarn und Spanien,
nach Italien und Burgund, nach der Campa-
gne und nach Lothringen und ließ Reben her-
beibringen und senkte die Reiser in der Erde
Schoß. Da freute sich mein Herz, daß er mein
Reich ausbreite im deutschen Lande, und als
dort die ersten Reben blühten, zog ich ein im
Rheingau mit glänzendem Gefolg; wir lager-
ten auf den Hügeln und schafften in der Erde
und schafften in den Lüften, und meine Diener breiteten ihre zarten Netze aus und fingen
den zarten Frühlingstau auf, daß er den Reben nicht schade; sie stiegen hinauf und
brachten warme Sonnenstrahlen nieder, die
sie sorgsam in die kleinen Beerlein gossen,
schöpften Wasser im Rhein und tränkten die
zarten Wurzeln und Blätter. Und als im Herbst
das erste zarte Kind des Rheingaus in der

Wiege lag, da hielten wir ein großes Fest und luden alle Elemente zur Feier ein. Und sie brachten köstliche Geschenke und legten sie dem Kindlein in die Wiege. Das Feuer legte seine Hand dem Kindlein auf die Augen und sprach: ›Du sollst mein Zeichen an dir tragen ewiglich; ein reines mildes Feuer soll in dir wohnen und dich wert machen vor allen andern.‹ Und die Luft in zartem, goldenem Gewande kam heran, legte ihre Hand auf des Kindes Haupt und sprach: ›Zart und licht sei deine Farbe, wie der goldene Saum des Morgens auf den Hügeln, wie das goldene Haar der schönen Frauen im Rheingau.‹ Das Wasser rauschte heran in silbernen Kleidern, bückte sich auf das Kind und sprach: ›Ich will deinen Wurzeln immer nahe sein, so weit mein Rheinstrom reicht.‹ Aber die Erde kam und küßte das Kindlein auf den Mund und wehte es an mit süßem Atem. ›Die Wohlgerüche meiner Kräuter‹, sprach sie, ›die herzlichsten Düfte meiner Blumen habe ich für dich gesammelt zum Angebinde. Die köstlichsten Salben aus Ambra und Myrrhen werden gering sein gegen deine Düfte, und deine lieblichsten Töchter wird man nach der Königin der Blumen heißen, – die Rosen.‹ So sprachen die Elemente. Wir aber jubelten über die herrlichen Gaben, schmückten das Kindlein mit Weinlaub und schickten es dem Kaiser in die Burg.«

> *In welchem Weine*
> *Hat sich Alexander betrunken?*
> *Ich wette den letzten Lebensfunken:*
> *Er war nicht so gut wie der meine.*

———

Selbst die Hottentotten ...

Während die katholische Kirche den Wein durch ihre Glaubensboten zwar auf dem ganzen Erdkreis bekanntmachte, blieb es doch den Protestanten vorbehalten, ihn den neuen Gläubigen aller Farben und Rassen nach dem Vorbild der alten Kirche auch zu trinken zu geben. Die Katholiken, so pflegten die Eingeborenen in Südafrika zu sagen, das sind jene, die uns den Wein zeigen; die Evangelischen aber geben ihn uns zu trinken. Das war

auch, so erzählt man wenigstens, der Grund,
warum die Protestanten in Deutsch-Süd-
westafrika mehr Zulauf hatten als die Katholiken. Ein sehr menschlicher Zug an den Negern! Man muß wissen, daß für die Eingeborenen nach den blutigen Aufständen von
1904 strengste Prohibition bestand. Die Prediger von der Barmer Mission aber reichten
den Negern trotzdem das Abendmahl unter
beiden Gestalten. Die gute Neuigkeit verbrei-
tete sich wie ein Steppenfeuer, und der Zu-
drang war unvorstellbar. Tausend schwarze
Hände reckten sich so ungestüm nach dem
Kelch und rissen ihn dem Prediger aus den
Händen und einander von den Lippen,
drückten ihn so lange und inständig in das
Gesicht, daß die erschütterten Missionare nur
noch die Wahl hatten, es den Katholiken
nachzutun oder aber auf den Empfang des
Sakramentes eine Art Weinumsatzsteuer zu
legen, wollte man nicht die Kirche in eine
himmlische Gaststätte verwandeln und am Eifer der Gläubigen Bankrott machen. Es heißt:
»Nichts zieht schneller fremden Geruch an
sich als der Wein.« Aber nicht nur der Ge-

ruch – auch die Nase, die Lippen, den ganzen Menschen! Sogar salzfressende Hottentotten merkten in einem Augenblick und eigentlich, als sie nichts merken durften, daß der Herr des Weines nahe war, und sie fanden ihn genauso anziehend wie den Herrn des Himmels – ja, sie hielten wohl beide für ein und dieselbe Person. So sind die Neger – und so ist der Wein!

> *Sogar dies Wort hat nicht gelogen:*
> *Wen Gott betrügt, ist nicht betrogen.*

———

Der Stammbaum der gewissen Flasche

Wir visierten über die Flasche weg und suchten den Punkt auf dieser Erde, eigentlich im Paradies, wo die erste Rebe stand – leider vergeblich. Trotzdem wissen wir, daß sie vom Himmel stammt, daß nämlich bei einem Göttermahl ein Tischgenosse, ohne sich etwas dabei zu denken, einige Traubenkerne ausspuckte. Die himmlisch gleichgültige Spuck-

bewegung über die Schulter war kaum geschehen, als der Gott des Weines, der auch
mit zu Tische saß, die Nase hob und sagte:
»Ich rieche die Blüte eines Weinstockes drunten auf der Erde. Ich muß sofort hinunter, um
in den Weinstock einzugehen und ihm mein
Blut und meinen Geist zu geben.« Und kaum
war der Gott hinabgestiegen, da hörten schon
die übrigen himmlischen Tischgenossen, wie
die Menschen von der Erde her sangen:

Auf grünen Bergen wird geboren
Der Gott, der uns in Himmel bringt,
Die Sonne hat ihn sich erkoren,
Daß sie mit Flammen ihn durchdringt.

Er wird im Lenz mit Lust empfangen,
Der zarte Schoß quillt sacht empor,
Und wenn des Herbstes Früchte prangen,
Springt auch das goldne Kind hervor.

Sie legen ihn in enge Wiegen,
Ins unterirdische Geschoß,
Er träumt von Festen und von Siegen
Und baut sich manches luft'ge Schloß.

Es naht sich keiner seiner Kammer,
Wenn er sich ungeduldig drängt
Und jedes Band und jede Klammer
Mit jugendlichen Kräften sprengt.

Denn unsichtbare Wächter stellen,
Solang er träumt, sich um ihn her,
Und wer betritt die heil'gen Schwellen,
Den trifft ihr luftumwundner Speer.

Sowie die Schwingen sich entfalten,
läßt er die lichten Augen sehn,
Läßt seine Priester mit ihm schalten
Und kommt heraus, wenn sie ihm flehn.

Aus seiner Wiege dunklem Schoße
Erscheint er in Kristallgewand:
Verschwiegner Eintracht volle Rose
Trägt er bedeutend in der Hand.

Und überall um ihn versammeln
Sich seine Jünger hocherfreut,
Und tausend frohe Zungen stammeln
Ihm ihre heiße Dankbarkeit.

Er spritzt in ungezählten Strahlen
Sein inneres Leben in die Welt,
Die Liebe nippt aus seinen Schalen
Und bleibt ihm ewig zugesellt.

Er nahm als Geist der goldnen Zeiten
Von jeher sich des Dichters an,
Der immer seine Lieblichkeiten
In trunk'nen Liedern kundgetan.

Er gibt ihm, seine Treu zu ehren,
Ein Recht auf jeden süßen Mund,
Und daß es keine darf ihm wehren,
Macht Gott durch ihn es allen kund.

―――

Die Rebe ist die Mutter des Weines

Die Mutter unserer gewissen Flasche aber –
soviel darf schon bekanntgegeben werden –
stammt aus dem edelsten aller Traubenge-
schlechter. Sie ist eine weiße Riesling, an Mosel und Rhein die tonangebende Rebfamilie.
Man nimmt an, daß sie aus dem Rheingau
stammt. Um das Jahr 1490 wird in den Ge-

meindeurkunden von Pfeddersheim diese Rebart unter dem Namen »Rusling« zum erstenmal erwähnt, einige Jahre später ist von einem »Ruslingwingert« in Worms die Rede. Diese Rebfamilie hat es an sich, nur kleine, unscheinbare Früchtchen auf die Welt zu bringen, die überdies auch noch sauer sind. Aber wenn die Sonne es gut meint und die klimatischen Verhältnisse eine Spätlese gestatten, dann gehen diese unscheinbaren und sauren Traubenfrüchtchen in Edelfäule über, setzen die Säure zum Teil in Bukettstoffe um und liefern große Weine. Wie und wann der Winzer diese wichtige Erfahrung machte, daß es sich hier um Edel- und nicht um Sauerfäule handelt, ist unbekannt. Eine Geschichte erzählt, daß der Bote, der den Lesebefehl des Fürstbischofs von Fulda zum Johannisberg zu bringen hatte, unterwegs krank geworden sei, weswegen die Lese vierzehn Tage später als sonst begonnen habe. Aus Angst vor dem Bischof habe man schließlich die geschrumpelten Beeren doch gelesen und gekeltert – und so die erste Spätlese gewonnen! Daß eine Krankheit – etwa die Folge von im Übermaß genossenen Trauben – Ursache an dem Strom unendlichen Entzückens gewesen sein soll, kommt uns allzu banal vor. Die Geschichte klingt überdies reichlich ungereimt. Wenn der Bischof so gefürchtet war, daß man es vorzog, statt ihm die Wahrheit zu sagen, aus faulen Trauben Wein zu machen, dann können wir uns schwer einen Windel-Boten vorstellen, der einfach vierzehn Tage krank feierte und nicht daran dachte, die Tasche mit dem Lesebefehl durch einen Ersatzmann zu schicken. Auf jeden Fall wäre es nicht nur glaubwürdiger, sondern auch der großen Entdeckung würdiger, wenn der Bote, statt mit einer Krankheit im Bett zu liegen, ebendort die Zeit, wie Heinrich von Ofterdingen im Venusberg, nämlich von der Liebe betäubt, vergessen hätte. Und der Bote hätte müssen schon ein Mann bei Jahren gewesen sein, ein abgeklärter, weiser Bischofsbote. Dann wären die beiden Spätlesen, die in seinem Herzen und die auf den Hängen des Johannisberges, einander würdig gewesen. Man soll übrigens nicht denken, die Edelfäule sei für einen großen und guten Wein unerläßlich. Die Rieslingtrauben enthalten auch ohne Edelfäule sehr feine Traubenbukette, die bei dem Moselwein meist sogar dem Bukett der Edelfäule vorgezogen werden.

Die übrigen traditionellen Rebfamilien, die heute in Deutschland am häufigsten angebaut werden, heißen: Silvaner, Traminer, Ruländer, Burgunder, Portugieser, Gutedel. Über ihr Alter herrschen selbst unter den Fachgelehrten noch immer große Meinungsverschiedenheiten, und ob auch nur eine einzige von ihnen ihre Familienwurzeln bis in die römische Zeit hinabstrecken kann, ist sehr ungewiß. Man nimmt aber an, daß eine der Gutedel ähnliche Traube, in der Pfalz als »Geißdutten« und »Hammelhoden« bekannt, aus römischer Zeit stammt. Sicher aber kann man dies hohe Alter bei einer im übrigen bescheidenen Rebart nachweisen, die in der Pfalz Alben oder Elben heißt, an Saar, Ruwer und Mosel aber Elbling oder Kleinberger, in der Moselmundart: Klemperich. Wahrscheinlich brachte diese Rebe den sogenannten vinum hunnicum, während die Burgunderrebe, die Karl der Große im Rheingau und in Rheinhessen einführte, den vinum francium trug.

Der Hunnische und der Fränkische, das waren im Mittelalter die einzigen nach dem Rebherkommen getroffenen Unterscheidungsnamen auf der Weinkarte. Die heilige Hildegard, die den Dingen der Schöpfung so nahestehende Äbtissin auf dem Ruppertsberg bei Bingen, stellt in hausfraulicher Einfachheit den Unterschied zwischen diesen beiden Weinen in der Weise fest, daß sie schreibt, der Fränkische sei so stark, daß er sofort das Blut in Wallung bringe, weswegen man ihn mischen müsse – während das bei dem Hunnischen nicht nötig sei. Wer einmal einen Klemperich trank, wird der heiligen Frau unbedenklich recht geben, ohne nun freilich gleich ihr Rezept beim Fränkischen anzunehmen.

Die Zisterzienser führten im Verlauf ihrer Kolonisation die Burgunderrebe ein, die wir heute an der Ahr und am Mittelrhein finden. Die Silvanerrebe, die am Main schon im 16. Jahrhundert vorherrschte, scheint vom Südosten, von Transsilvanien und Österreich eingeführt zu sein. Im Laufe des 19. Jahrhunderts breitete sich diese Rebfamilie auch in der Pfalz und in Rheinhessen aus und drängte die Gutedel zurück, die sich gegen den Sauerwurm besonders anfällig zeigte.

Die Traminerrebe kam aus dem Tirolischen, wo es in der Nähe von Bozen noch heute einen Ort namens Tramin gibt. Sie wurde schon im Mittelalter im württembergischen Weinbaugebiet heimisch, später in der Pfalz und an der Nahe. Seit der Mitte des vorigen Jahrhunderts aber geht ihr Anbau zurück, da sie ebenfalls für bestimmte Krankheiten besonders empfänglich ist.

Die Ruländer Traube ist nichts anderes als eine graue Pinot, also Burgunder, die aus der Champagne an den Rhein gebracht wurde. Ihren Namen hat sie von Johan Seger Ruland, der sie in der Speyerer Gegend einführte.

Es spukt der babylonische Turm
Auch unter den Rebenarten,
Eine jede hat ihren Sauerwurm,
Eine jed' ihren Trumpf in den Karten.

Noch edler als die Rieslingrebe

zumindest bedeutend ertragreicher und für männliche Traubenleser verlockender erscheint uns eine heute leider verlorengegangene Rebart, die Lukianos, der griechische Voltaire, in seiner »wahren Geschichte« uns beschreibt:

»Wir waren etwa drei Stadien (gegen 600 m) weit vom Meer weg durch einen Wald vorgedrungen, als wir einer ehernen Säule mit einer Inschrift in griechischen, aber halb erloschenen und verwitterten Buchstaben ansichtig wurden. Sie lautete: ›Bis hierher sind Herakles und Dionysos gekommen.‹ Auch fanden sich in der Nähe zwei Fußspuren im Felsboden, die eine ein Plethron (30 m) lang, die andere etwas kürzer, diese rührte meines Erachtens von Dionysos, jene größere von Herakles her. Da fielen wir andächtig auf die Knie und beteten, ehe wir unseren Weg fortsetzten. Wir waren noch nicht weit gekommen, als wir vor einem Flusse standen, der statt Wassers einen dem Chier ganz ähnlichen Wein führte, und zwar strömte er so voll und tief dahin, daß man ihn sogar da und dort hätte mit Schiffen befahren können. Um so mehr waren wir jetzt geneigt, der Inschrift der Säule Glauben zu schenken, da wir so augenscheinliche Beweise vor uns sahen, daß Dionysos hier gewesen. Da ich nun auch den Ursprung des Flusses erkunden wollte, verfolgte ich seinen Lauf gegen die Quelle hin, fand aber diese nicht, sondern nur eine Menge großer Weinstöcke, die voll Trauben hingen. Unten an jedem Stock rann der Wein in helleuchtenden Tropfen herab, und aus diesen vielen kleinen Rinnsalen bildete sich dann der Fluß. Auch viele Fische waren in dem Flusse zu sehen, die ganz die Farbe und den Geschmack des Weines hatten.

Nachdem wir hierauf an einer seichten Stelle den Fluß überschritten hatten, stießen wir auf Reben von ganz wunderbarer Art: Der Teil am Boden, der Stamm, war aus dickem, starkem Holze, weiter aufwärts aber waren es Frauen, die bis auf die Hüften herab alles in der größten Vollkomenheit zeigten, etwa wie unsere Maler die Daphne darstellen, wie sie in dem Augenblick, da Apoll sie festhalten will, zum

Baume wird. Aus ihren Fingerspitzen aber
sproßten Zweige, die voller Trauben hingen,
und sogar um ihre Köpfe wanden sich statt der
Haare Ranken mit Weinlaub und Trauben.
Und wie wir näher kamen, begrüßten sie uns
und hießen uns willkommen, wobei die eine
lydisch, die andere indisch, die meisten jedoch griechisch sprachen. Sie küßten uns auf
den Mund, wer einen solchen Kuß bekam,
war auf der Stelle berauscht und wie von Sin-
nen. Die Früchte aber wollten sie sich nicht
abpflücken lassen, sondern schrien vor
Schmerzen laut auf, wenn man etwa eine ab-
reißen wollte. Einige bezeigten sogar Lust,
sich mit uns in Liebe zu einen, und zwei meiner Gefährten, die sich mit ihnen eingelassen
hatten, konnten sich nicht wieder losmachen,
sondern blieben an ihnen haften und wuch-
sen mit ihnen zu einem Stock zusammen, daß
auch ihnen die Finger in Zweige ausliefen.
Da verließen wir sie und flüchteten auf das
Schiff, wo wir unsern zurückgelassenen Gefährten alles erzählten, besonders auch, wie
übel den beiden Freunden die Liebelei mit
den Rebenjungfrauen bekommen war. Hier-

auf nahmen wir Krüge, holten Wasser und
schöpften zugleich auch Wein aus dem Flusse, und nachdem wir die Nacht in der Nähe
am Strand zugebracht hatten, lichteten wir
am anderen Morgen bei mäßigem Winde die
Anker.

Das wär ein schönes Gartengelände,
Wo man den Weinstock mit Würsten bände.

Wie alt wird ein Weinberg?

Das ist eine oft gestellte Frage. Die Rebe kann
uralt werden. Bei den antiken Schriftstellern
finden wir Angaben über ihr Wachstum in die
Zeit und den Raum hinein, die uns fabulös
vorkommen. Da ist die Rede von Tempeln,
deren Säulen aus – uralten, gewaltigen Reb-
stöcken bestehen! Wissen wir das Alter und
den Umfang dieser Rebsäulen auch nicht
mehr genau zu ermitteln, so können wir doch
mit Sicherheit sagen, daß sie nicht mehr
grünten und keine Trauben mehr trugen, –
denn sonst gibt es keine Erklärung dafür, daß

die Menschen nicht ausschließlich Häuser aus
dem Holz der Reben sich bauten oder gar ein-
facher noch: pflanzten. Immerhin – ein Weinberg kann auf leichtem Boden nach fünfzig
Jahren bereits eine Sorge, aber auf schwerem,
kräftigem Boden noch nach hundert Jahren
den Erben des braven Mannes, der ihn pflanzte, ein Segen sein. Freilich steht nach so langer
Zeit der Fruchtbarkeit nur noch ein Teil der
Stöcke, die der Alte pflanzte. Im Lauf der Zeit
wurde mancher Stock, sobald er »kümmerte«,
»ausgemacht«, entweder durch Vergrubung
oder durch Ableger. Beim Einlegen wird von
einem kräftigen jungen Stock ein einjähriger
Trieb freigelegt, in die Grube zurückgebogen,
daß er horizontal unter der Erde verläuft, und
an dem neuen Standort senkrecht emporge-
richtet. Ähnlich geschieht das Versenken.
Selbständige Pflänzlinge lassen sich nur
schwer an die Stelle der ausgefallenen Küm-
merlinge setzen, da sie zwischen den alten
Stöcken nicht aufkämen. Stellt es sich aber
heraus, daß der Boden ernstlich rebenmüde
oder daß die Rebe unheilbar krank ist, so muß
der ganze Weinberg ausgehauen werden. Und

man weiß nicht, was ernster stimmt: die saure
Arbeit oder das bittere Bild des Wustfeldes, das
oft viele Jahre brachliegen muß, ehe der Boden
kuriert und mit neuen Kräften geladen ist.
Dann erst kann der neue Weinberg angelegt
werden, ein Unternehmen, zu welchem eben-
soviel Geld wie Erfahrung und, heutzutage
muß man schon sagen, Wissenschaft gehört –
besonders für die Heranzucht und Pflege reb-
lausfester Pfropfreben. In den neuangelegten
Weinbergen sieht man die sogenannten
»Schieferhäuschen«. Das sind meist drei zelt-
artig zusammengestellte Leien, also Schiefer-
tafeln, unter welchen die jungen Rebstöcke vor
den heißen Sonnenstrahlen geschützt werden.
Die Reben wachsen schneller, und der Wein
wird besser, wenn der Abstand zwischen den
Stöcken möglichst groß ist und etwa ein bis ein
Meter zwanzig mißt.
Die neue Anlage wird in den ersten Jahren auf
Augen geschnitten. Erst im vierten Jahr läßt
man eine Bogrebe, auch Bar- und Tragrebe
genannt, stehen. Sie wird vor dem Austrieb ge-
bogen und mit Weidebändern an den Stock
gebunden. Im fünften Jahr endlich bringt der

Weinberg seinen ersten vollen Ertrag, den »Jungfernwein«, der, wie alle Erstlingsfrucht, vom Geheimnis des Anfangs und der ausdrücklichen Gotteszugehörigkeit gezeichnet ist und überdies als besonders wohlschmekkend empfunden wird.

Setz mich frei,
Dann trag ich für drei.

———

Die Väter geben die Namen

Auch das hat der Wein mit dem Menschen gemein, denn wir nennen ihn nach der Lage, also dem Boden des Weinbergs. Der Name des Vaters gibt dem Weinkenner von vornherein eine ziemlich genaue Vorstellung über den Charakter des Auserwählten, mit dem er sich zu unterhalten gedenkt. Natürlich ist das Geburtsjahr des Knaben ebenso mitbestimmend, ja sogar die Kunst seiner menschlichen Erzieher! Überdies – die Namen des Weines verlocken den über die Weinkarte Gebeugten mit allerlei Ober- und Untertönen, die außer-

halb des Bereichs der Zunge liegen. Ist er des
geschichtslosen und allzu lauten Tages über-
drüssig, entflieht er in jene Zeit, als an Mosel,
Saar und Rhein das bronzene, knappe Latein
gesprochen wurde, und er wählt einen Neu-
magener Laudamusberg oder einen Enkir-
cher Monteneubel (monte nobile – Adels-
berg) oder einen Ellener Calmont (calidus
mons – heißer Berg) oder gar, wenn die anwe-
sende Hausfrau den Preis billigt, einen Dulcis
mons (süßer Berg), der heute leider Brauneberg heißt. Oder er entzieht sich dem Juckreiz
der Zeitgeschichte durch einen Kopfsprung
ins Mittelalter, das zumal an der Mosel und
im Rheingau die Namen der Weinlagen präg-
te. Und sein Finger auf der Weinkarte stößt
auf Lagen, die zu geistlichen Weinexerzitien
einladen: Trittenheimer Altärchen, Hochheimer Domdechanei, Klüsserather Bruderschaft, Graacher Domprobst, Lorcher Pfaf-
fenwies, Weilerer Herrenzehntel und viele,
viele andere. Besonders nachdenklich ver-
weilt der Kenner vor den zahlreichen Namen,
die daran erinnern, daß sie einst Klosterbesitz
waren. Fast überall, wo ein Klostergarten

(Marienthal), Nonnenberg (Wehlen), Probst-
berg (Longuich), Juffer (Brauneberg) und
ähnliche an Klöster und Stifte gemahnende
Namen stehen, kann er getrost als Merkzei-
chen das dreifache »Est« hinsetzen.

Denn was die Mönche trinken und Nonnen
Gibt Vorgeschmack der Himmelswonnen.

Wer aber gar traurig ist und einmal allein
trinken und seinen Träumen nachhängen
will, der lade sich im Weinnamen einen Heiligen zum Mitzecher ein. Bevorzugt er eine
abgeklärte, herbe Matrone, bitte er mit einem
Schweicher Annaberg die Großmutter des
Herzogs zum Gegenüber. Möchte er sich lieber einem jungen, feurigen Heiligen anver-
trauen, da steht Sankt Laurentius und bietet
ihm seinen Leiwener und Trittenheimer. Der
andere Diakon und Märtyrer Stefanus zeigt
ihm Gewächse aus Zeltingen, Kröv und En-
kirch und viele mehr, die er zu betreuen hat.
Ist der einsame Trinker aber mit einem feierlichen Zorn auf die ganze Welt gestimmt, be-
stelle er einen Ürziger Michelsripp oder einen
handfesten Klüsserather Michelsberg. Oder

er lade sich den temperamentvollen Fischer
Sankt Peter in einem Münsterer Pittersberg
zu Gast. Hat ihn eine Frau enttäucht, bitte er
die keusche Agnes zu einer heiterverklärten
Caseler Nies'chen. Wer aber einen Kran-
kenpfleger braucht, wende sich an den güti-
gen, hilfsbereiten Rochus mit einem Opfer-
trunk aus Bingen. Ermangelt uns nur die
schöne Begleiterin, so mögen wir Sankt Hele-
na bitten, die, obwohl sie Kaiserin war, sich zu
einer guten Flasche Helenenberg aus Mülheim sofort herbeiläßt, rühmt man ihr doch
nach, daß sie nicht nur das Kreuz entdeckte,
sondern auch die besten Fuder im Umkreis
von Trier ...

Es kann aber auch sein, daß wir uns wegwen-
den wollen von dieser Erde, wo die Steuerbe-
amten, die Verwandten, die Politiker und andere Gottesgeißeln die armen Menschen quä-
len. Dann beten wir still einen Ürziger Ro-
senkranz, oder wir küssen ergebungsvoll den
Gottesfuß aus Wiltingen an der Saar, lassen
alle obengenannten Bösewichter in einer
Reiler Funkelhölle versinken, setzen uns auf
einem Deidesheimer Herrgottsacker zur letz-

ten Ruhe nieder, steigen auf einem Zeltinger
Kirchenpfad aufwärts – bis ins Graacher
Himmelreich!

Die Vaternamen des Weins, die Lagen, stammen aber auch von der Oberflächenform der
Berge her, auf denen sie beheimatet sind.
Häufig erscheint das Wort Lay oder Fels darin; ist der Berg sehr steil, heißt er die Stirn;
oder die Treppchen, die an seiner Lehne hin-
aufziehen, geben ihm den Namen: Erdener
Treppchen! Wächst der Wein oben auf dem
Berg, hat er oft das Wort Krone, Kopf oder
Kupp im Namen: Ailer Kupp! Betonte Hal-
denform wird mit Rütsch beschrieben: Törni-
cher Rütsch. Daß aber der Name Nacktarsch
auf eine besonders kompakte und voluminöse
Bergform zurückzuführen sei, möchten wir,
obwohl die Kröver sich auf den tönenden
Klang ihres Nacktarsches viel zugute tun, an-
fechten. Überall, wo wir diesen derben Namen finden, können wir auf uralte, manchmal schon verschwundene Wingerte schließen, denn das Wort Nacktarsch kommt von
Nektar, dem Göttertrank. Daß der Name aus
olympischer Luft in diese unterste Region

stürzte, zugleich aber, was seine Faszinierungskraft betrifft, eben durch seinen Sturz
einen Aufstieg erlebte, das gehört in ein anderes Kapitel: in die Psychologie der Reklame,
der Masse. Manchmal leitet sich der Familienname des Weines genau wie der des Menschen von Farben her, nämlich von der Erdfarbe seiner Lage, die den Gehalt von Schiefer, Ton, Kalk oder Lehm ausdrücken will:
Kueser (spr.: Kuser!) Weißenstein, Valviger
Schwarzenberg, Novianter Schwarzlay, Ürziger Grauberg, Erdener Rotkirch, Dhroner
Rotert, St. Maximiner Grünhäuser, Pommerner Goldberg, Clottener Brauneberg, Wiltinger Braunfels. Kommt dagegen im Namen
das Wort Rot oder Roth vor, bezeichnet es
meist keine Farbe, sondern weist, ähnlich wie
das Wort Gesetz, auf die Entstehungsart des
Weinbergs hin, daß er nämlich erst im Mittelalter durch Roden und Setzen dem alten
Wingertbestand hinzugewonnen wurde: Hatzenporter Rothenberg, Ürziger Seeder, Waldracher Fraternitätsgesetz. Oft leuchtet noch
nach Jahrhunderten durch den Namen die alte Verwendungsart des Ackers, ehe er in den

Weinbergstand erhoben wurde: z. B. Pölicher
Held, von mittelhochdeutsch: die halde, hal-
te: Weidewiese. Trittenheimer und Bernkast-
ler Olk, ein Wort, das aus dem Keltischen
stammt und Fruchtacker bedeutet. Umge-
kehrt aber erinnert uns manch ein Acker mit
seinem Namen daran, daß er, der nun Kartof-
feln trägt, einst ein Wingert war, z. B. eine
Gemarkung in Schweich, die »Auf dem Gesetz« heißt.

Die Väter des »Weins« tragen gerne heiße,
sonnige Namen, besonders dann, wenn sie unbedingt den Eindruck erwecken möchten, als
wären sie eine Sonnenversicherung eingegangen oder hätten das Feuer in ewiger Pacht.
Dann nennen sie sich stolz: Schweicher Son-
nenschein, Canzemer oder Affenthaler Son-
nenberg, Trittenheimer Sonnteil, Edinger
Feuerberg oder Wehlener Sonnenuhr. Wein-
väter mit poetischen Neigungen nennen sich
nach Bäumen und Blumen und zumal nach
solchen, die nach dem Morgenland duften.
Oder wer hätte in Aldegund Palmen, in Trier
Zedern, in Graach einen Lilienpfad gesehen?
Andere haben Vögel in ihren Namen: Lon-

guicher Vogelsberg, Kinheimer Eulenlay,
Piesporter Taubengarten, Eltviller Tauben-
berg. Wieder andere erinnern an die Bienen-
stöcke, die oft im Weinberg standen: Ellerer
Bienenlay oder Maikammerer Immengarten.
Eine ganze Weinbergsfauna tritt in den La-
gennamen auf: in Wehlen Eidechsen (Ed-
richslay); in Longuich Schlangen; in Brauneberg und Dhron Hasen und Häschen; in Ok-
fen und Ürzig Böcke; in Gondorf Füchse; in
Canzem Wölfe; in Senheim Küken; in Heil-
bronn Ochsen; in Kinheim sogar Löwen; in
Ediger ein Osterlämmchen; in Gimmeldin-
gen Meerspinnen; in Forst Ungeheuer; in
Weinsberg sogar – man staune: treue Weiber;
in Untertürkheim Mönche; in Zell eine un-
glaubliche Menge von schwarzen Katzen; in
Hattenheim dagegen erinnern an die Fauna
nur noch die Alimente.

Ja, in der Schenke hab ich auch gesessen,
Mir ward wie andern zugemessen,
Sie schwatzten, schrien, händelten von heut,
So froh und traurig wie's der Tag gebeut,
Ich aber saß, im Innersten erfreut,
An meine Liebste dacht ich –.

Nomen est omen

Das gilt vom Wein viel mehr noch als vom Menschen. Denn im allgemeinen erhielt der Wein seinen Namen sozusagen hinterher, wenn er schon – anders als der Mensch! – dokumentieren konnte, wes Geistes Kind er sei. Die Weinnamen von Mosel, Ruwer, Saar und auch vom Rheingau spiegeln das mittelalterliche Regalien- und Pfründenwesen; sie sind um Abtstäbe gewunden, wölkeln wie Weihrauch, klingen wie Glocken. Schiller stottert entzückt:

Ring und Stab, o seid mir auf Rheinweinflaschen willkommen.
Ja, wer die Schafe so tränkt, der heißt wahrlich ein Hirt.
Dreimal gesegneter Trank! Dich gewann mir die Muse, die Muse
Schickt dich, die Kirche selbst drückte das Siegel dir auf.

Weltlicher und kräftiger klingen die Namen bereits in Rheinhessen und erst recht in der Pfalz. Wer sich darum mit einem Oppenhei-

mer Sackträger einläßt, soll bei diesem Namen aufmerken. Trägt der Wein schwer an
sich selber wie ein Sackträger? Oder packt er
vielmehr den Zecher wie einen Sack, um ihn
fortzutragen und irgendwohin abzuladen?
Und der Nackenheimer Stiel – spüren wir in
solch einem Namen nicht die robuste Kraft
dieses Weines geradezu im Genick? Freinsteiner Oschelkopf, Forster Ungeheuer, Kallstadter Saumagen, Bodenheimer Braunloch,
das sind Weine, die eines fetten und aufsaugenden Untergrundes bedürfen, sonst kann
der Zecher, und gar in Gegenwart des zarteren Geschlechtes, mit seiner Zunge, die solche Namen spricht und sozusagen trinkt,
leicht ausgleiten. Am Ende wird er mit den
Namen der Weine seine Umgebung anreden
und sie sogar der Polizeistreife, die den
Feierabend gebietet, respektlos als Gruß an
den Kopf werfen.

Überhaupt wäre es den Begrenzern der Feierstunde zu raten, wenn sie, nüchtern wie eine
Steuerverordnung und streng wie ein Schweizer Hausfrauenverein, zur Tür hereintreten,
zuerst einmal geschickt ermittelten, aus wel-

chen Nummern auf der Weinkarte die Fröhlichkeit der Zecher stammt. Trinken sie einen
heiteren und anmutigen Mädchenwein von
der Saar oder einen würzigen Seelenbe-
schwinger von der Mosel, dann haben die
amtlichen Schließer leichtes Spiel; denn ein
Mosel-Saar-Ruwer-Rausch läßt sich tragen
und lenken so leicht wie ein Luftballon.
Haben die Herren Zecher sich dagegen an die
Nahe begeben oder in den Rheingau und sind
sie mittlerweile von den vollen, runden und
feurigen Gewächsen, um der Begeisterung
Herr zu werden, gravitätisch geworden, dann
sollte die mit Notizbüchern, Waffen und Gesetz einrückende Weinwehr Rücksicht nehmen – eben auf diese mühsam ausbalancierte
Gravität – und nicht unbedingt diktatorisch
auftreten. Denn wer vom Feuer dieser Weine
beseelt ist, fühlt sich wie ein großer Herr, läßt
sich zum Aufbruch nur bitten, nicht aber be-
fehlen und will in seiner Würde sich überhaupt von niemandem beeinträchtigt sehen.
Gewiß, er geht, wenn es denn schon sein muß,
aber er geht freiwillig, langsam, nach viel Ze-
remonien und nachdem er sich von der

Polizeistreife in den Mantel helfen ließ, leutselig, aber unantastbar. Er hört die Weinglokken läuten und stapft nach Hause, als ginge er in einer Prozession.

Sitzen aber da ein paar Kerle in der Ecke, hemdsärmelig, rotköpfig, ohne einen Blick für die Umwelt, und singen sie schließlich dreistimmig: »Completum est gaudio cor nostrum«, und rufen sie dann laut: »Noch ein Gerümpel«, oder: »Noch einen Galgen«, oder: »Noch einen Lump«, dann sollten die Hüter der bürgerlichen Nachtruhe es sich überlegen – wo »Gerümpel« getrunken wird, entsteht leicht Gerümpel. Und vielleicht ist es in solchen Fällen ratsamer, die Ankündigung des Feierabends den Amseln zu überlassen, die vor dem dicksten und tiefsten und leuchtendsten Blau, vor dem der Morgenfrühe, in Ekstase geraten und den Zecher energischer zur Ordnung rufen als alle Hausfrauen und Polizisten zusammen.

Wenn der volle Schlauch erschöpft ist und die
Gäste taumeln schon,

Stock' ich doch nicht zuzureden: Trinkt! wir
haben mehr davon!
Aber heimlich zu dem Schenkwirt send' ich
meinen Diener: Bringt,
Was er hat, und was er fordert, zahlt's ihm,
ohne daß ihr dingt.

———

Die Arbeit im Weinberg

blieb im wesentlichen, solange es Weinberge gibt, dieselbe. Freilich hat die Erfahrung des Winzers und das Forschen der Agrarwirtschaft dem heutigen Weinbau viele Mittel in die Hand gegeben, sich gegen Rebschädlinge besser zu schützen, dem Boden durch die Mittel der Technik und Chemie stärkere Erträge abzulocken und dem Wein – das vor allem – eine verfeinerte Kellerpflege zu geben. Aber fast alle alten Wingertsarbeiten, wie sie in einer fränkischen Urkunde um 1400 herum aufgezeichnet sind, kennt der Winzer aus unseren Tagen genau – bis auf jeden Schweißtropfen, der dabei vergossen wird, bis auf

jeden Regenschauer und eisigen Anhauch
des Windes, die seine Haut gerben und bräu-
nen.

Denn wenn der Bauer träumt am Herd,
Der Winzer in den Weinberg fährt.

Nur daß der Winzer von heutzutage in seinen
eigenen Weinberg geht, während jener andere, der hier in der alten Urkunde zu Wort
kommt, seinem Feudalherrn gelobt, die lange
Jahresliste von Arbeiten der Reihe nach und
ordentlich herabzuarbeiten – im Frondienst!
»Daß ich mein Weingarten in gutem gewöhn-
lichem Bau halten will mit Phähl lesen, zu
Hauf setzen und die Stöck decken nach dem
Herbst vor Sankt Katherin Tag; darnach soll
ich enträumen nach Sankt Gertrauden Tag;
darnach soll ich mit Fleiß zuschneiden und
hacken vor Sankt Jörgen Tag; darnach soll ich
Mist zu den Stöcken machen, jährlich je in
einen Acker Weingartens acht Fuder guten
Mists, und vierhundert Fechsler einlegen,
und nicht minder zur Herbstzeit oder vor
Sankt Walpurgen Tag, und soll den Weingar-

ten stockrecht halten; item darnach soll ich
pfählen, niederziehen und binden jährlich vor
Sankt Urbans Tag; ich soll auch jährlich auf-
heben und brechen acht Tag vor Sankt Kilians
Tag oder acht Tag darnach ungefähr; item
soll ich auch in denselben Weingarten nichts
bauen, setzen noch säen ohn des genannten
Herrn Wissen, Willen und Gunst, denn was
das Weinwachsen woll bessern mag.«

> *Hott herum! Larelei!*
> *Singe de Bauere,*
> *Hann se kä sieße Wein,*
> *Trenke se saure.*

Der Erzieher des Weines

Wir kennen nun die Eltern des Weines: Mutter Rebe und Vater Boden. Und sein Schicksal
kennen wir auch: die Sonne. Stellen wir uns
nun einen Tropfen vor, gewachsen an der
edelsten Rebmutter auf einem Boden, der
warm ist und locker und alles hat, was einem
Weincharakter Rasse und einen Heldenkör-

per zu geben vermag; stellen wir uns sogar
vor, daß der Mai und Junianfang kühl und
naß waren, daß die Traubenblüte genau auf
den Johannistag fiel und daß die Sonne den
Juni und Juli und August hindurch schien
und regelmäßig nur sanfte Regenfälle in der
Nacht oder am Abend niedergingen; und daß
der September überwiegend still und sonnig
blieb und sogar der Oktober – ah, stellen wir
uns das alles vor; und der Keller ist aus Bruch-
steinen gemauert und steht wie ein Tempel
des Bacchus da, weit, kühl und von einem
Bächlein durchflossen; alle neuzeitlichen
Maschinen sind funkelnagelneu vorhanden.
– Ja, stellen wir uns ein solches Märchen aus
lauter günstigen Umständen gewoben vor,
aber – das ist unsere Frage –: was nützte es diesem Jahrgang, wenn ihm nun der gute Erzieher fehlte – jener erfahrene, umsichtige, täti-
ge Winzer, der seinen Wein pflegt mit einer
frommen Treue und wachen Gewissenhaftig-
keit, daß sein Dienst am Wein zum Gottes-
dienst wird? Freilich findet man kaum einmal
einen wirklich schlechten Winzer, der lange
auf besten Lagen sitzt. Oft aber kommt es vor,

daß auf mittleren Lagen ein frommer und eifriger und weiser Knecht des Weingottes einen
Tropfen hervorbringt, der den guten Lagen
zumindest begegnen kann. Die Weinerzie-
hung setzt eigentlich beim ersten Handgriff in
einem neuangelegten Weinberg ein, und sie
hört nicht eher auf, bis daß die Hand des Käu-
fers sich zum Zeichen der Besitzergreifung
auf das Fuder legt, oder auch erst, wenn die
Flaschen in die Kiste gebettet werden. Aber
selbst dann noch wendet sich der besorgte
Winzer an den Mann, der den Wein trinken
will, mit der Bitte, den von der Eisenbahn-
fahrt erschöpften Wein doch noch einige
Wochen in einem kühlen Keller ausruhen zu
lassen, damit er nicht auf der Zunge matt
wirkt, fahrig und unausgeglichen, eben wie
ein Wesen, das eine lange Reise gemacht hat
und sich erst wieder aufladen und erfrischen
muß.

Und da der Wein eine höchst lebendige, sen-
sible und in vielen Stücken gar nicht im vor-
aus genau zu berechnende Seele zeigt, hat
schon manch ein Fuder seinen Erzieher im
guten oder im schlechten überrascht, daß er

vor seinem Wein wahrlich wie vor einem Zögling dasteht und den Kopf schüttelt – froh
oder betreten ... Und wenn der Winzer auch
nach Kräften jede Einmischung der zufälli-
gen Wirkungen auszuschließen bestrebt ist,
gelingt es ihm doch nie ganz, das Spiel jener
koboldigen Kräfte ganz zu bannen. Es ist zum
Beispiel nicht einerlei, ob die Trauben auch
nur einen Tag früher oder später gelesen werden; ob der Inhalt der Traubenbütte sofort in
die Mühle kommt oder, wie es vor allem in
früherer Zeit, als es noch keine Schrauben-
kelter gab, oft geschah, warten muß; ob es
während des Kelterns föhnig ist oder kalt; ob
das Faß, in das der Most kommt, alt ist oder
jung; ob es in den äußersten Winkel des Kellers
zu liegen kommt oder neben den Eingang; ob
der Keller aus Beton ist oder Sandstein oder
Bruchstein; ob das Wetter während der Zeit
des Gärens stürmisch ist oder ruhig.
Es könnte noch eine lange Reihe höchst un-
scheinbar anmutender Umstände angefügt
werden, die während des Arbeitsvorganges
einfach hingenommen werden, ohne daß
Technik, Organisation, Wissenschaft und Er-

fahrung sie alle berücksichtigen könnten, um
sie entweder zum Guten zu lenken oder ihre
Wirkung ganz auszuschalten. Auch hierin
gleicht die Erziehung des Weines der Erziehung des Menschen – daß dieser nämlich
noch lange nicht das Produkt aller bewußten
und gewollten Formungseinflüsse ist – und
wir sagen: Gott sei Dank! Ja, Gott sei Dank,
daß noch eine Lücke offenbleibt, durch die
aus dem Vorrat der unendlichen Möglichkei-
ten jener Zuwachs an Überraschendem und
Nichtgewolltem eintreten kann, der allem
Lebendigen eigen ist, damit es das wird, was
es sein will. Diese Eigenschaft ist in einem
ganz feinen Maße auch dem Wein eigen, und
es ist eine Freude besonderer Art, einen Winzer voll Überraschung über seinen Zögling
gebeugt zu sehen, wenn er ihm bei einer
Stichprobe auf eine ganz neue, unerwartete
Fährte kommt.

Es gibt freilich neben diesen Winzern, die
sich als Knechte des Weingottes fühlen, ebenso, wie wir wissen, jene, die ihrem Sohn auf
dem Sterbebett das Geheimnis verraten, daß
man auch aus Reben Wein machen kann. Es

sei darum jener einfältige Käufer gewarnt, der glaubt, wer beim Winzer kauft, müsse auf jeden Fall gut kaufen. Wer an einem Faß schmeckte und es gut findet und erwirbt und sich nicht eine Konterflasche zur Kontrolle geben läßt, der kann, wenn er auf einen betrügerischen Winzer gestoßen ist, auf die unangenehmste Weise enttäuscht werden. Nur ein erfahrener Freund des Weines, der zugleich Freund eines Winzers ist, sollte es wagen, unmittelbar beim Winzer zu kaufen. Versteht er sich nicht auf beide: auf den Wein *und* den Winzer, ziehe er es vor, sich von einer Weinhandlung mit gutem altem Namen beraten zu lassen.

Der fromme Seher und ekstatische Dichter Hölderlin hat einem seiner Vorfahren, der ein Winzer war, einen Nachruf geschrieben, der für jeden braven Winzersmann gilt und ihm zu Ehren gesungen ist:

Und am Hügel hinab, wo du den sonnigen
Boden ihnen gebaut, neigen und schwingen sich
Deine freudigen Reben,
Trunken, purpurner Trauben voll.

Aber unten im Hause ruhet, besorgt von dir,
Der gekelterte Wein. Teuer ist der dem Sohn
Und er sparet zum Fest das
Alte, lautere Feuer sich.
Dann beim nächtlichen Mahl, wenn er, in Lust
und Ernst,
Von Vergangenem viel, vieles von Künftigem
Mit den Freunden gesprochen,
Und der letzte Gesang noch hallt,
Hält er höher den Kelch, sieht dein Bild und
spricht:
Deiner denken wir nun, dein!
Und es tönen zum Dank hell die Kristalle dir,
Und die Mutter, sie reicht, heute zum ersten-
mal,
Daß es wisse vom Feste,
Auch dem Kinde von deinem Trunk.

Um auf die besagte Flasche zurückzukommen

Sie steht immer noch unberührt da, während
wir bei Noah zu Besuch waren, den Osten und

die Neger mit Wein missionierten und eine Reform der Polizeistunde unternahmen. Die feine Flasche, die geduldige Flasche! Aber da wir die Wange an ihr züchtiges Glas legen, um ihren Wärmegrad festzustellen, merken wir, daß sie mittlerweile Zimmertemperatur erreicht hat. Doch was dem Rotwein recht, ist dem Weißwein keineswegs billig! Wir müssen sie unter die Wasserleitung stellen, falls Eis fehlt, und noch eine Viertelstunde warten; 10 Grad darf er haben, keinen Grad weniger, wohl aber ein, zwei Grad mehr! Das ist kein Scherz, ihr Brüder! Das Eis ist des Weines Tod – allen funkelnden Kühlkübeln zum Trotz, die nur im heißen Sommer einen Sinn haben und auch dort nur, wo kein normaler Weinkeller ist. Die beste Art, den Weißwein in der richtigen Temperatur zu servieren, wenn die Kellerkühle fehlt, ist diese: man lege, wenn es Sommer ist, um jede geöffnete und wieder mit dem Korken leicht versehene Flasche eine mäßig durchnäßte Serviette und stelle die Batterie in eine schattige Ecke. Nach einer Stunde bereits haben sie jene Temperatur, welche die Seele des Weines in Bewegung

bringt. Was nun den Rotwein angeht: Er soll
nicht schneller als ein Hahn oder Hase zum
Genossenwerden fertiggemacht werden. Der
in heißes Wasser getauchte Rotwein erleidet
einen Schock, und mit einem Trauergesang
überführen wir die tote Flasche in die Küche,
daß sie in Fleischbrühen und Soßen ihren
durch Menschentorheit verfehlten Lebens-
lauf ende. Nein, tunkt den Roten nicht, lieber
erwärmt Glas um Glas zwischen euren Händen, derweil eure Augen sich an seiner rubi-
nenen Glut erfreuen.

Setze mir nicht, du Grobian,
Mir den Krug so derb vor die Nase!
Wer mir Wein bringt, sehe mich freundlich an,
Sonst trübt sich der Eilfer im Glase.

———

Il faut des rites

Lassen wir darum auch zum Beispiel den
Korken nicht zu laut und, wenn möglich,
nicht in Gegenwart der Gäste springen. Denn
da gibt es immer die Gattin eines Gastes, die

in diesem Augenblick, als hätte die Weltenuhr
geschlagen, das Zifferblatt auf ihrem Handge-
lenk an die Augen reißt und ausruft: »Um
Gottes willen, noch eine Flasche!« Und sich
zu ihrem Mann wendend, ruft sie: »Wir müssen nach Hause, Peter, wir haben ja morgen
große Wäsche! Du siehst überhaupt so abge-
spannt aus, der Wein bekommt dir gar nicht.«
Hätte der Gastgeber statt dessen aus der in
der Küche lautlos entkorkten und abge-
schmeckten Flasche lautlos eingeschenkt,
wäre die große Wäsche im Puff geblieben,
und der Eheauftritt, den der verbitterte Ge-
mahl unterwegs leicht seiner Frau machen
kann, hätte nicht stattgefunden. Die Flasche
sollte überhaupt etwa eine Viertelstunde vor
dem Genuß entkorkt werden. Die Bukettstoffe kommen besser zur Wirkung, wenn die
Flasche nach dem Korkensprung sich mit der
Luft leicht verbindet. Eine andere Überle-
gung ist aber ebenso wichtig: Es kann sein,
daß auf der besten Flasche ein Korken sitzt,
der von der Korkmotte zerfressen ist. In diesem Falle fließt der Wein, der in der Flasche
hoch bis zum Korken stehen muß, unmerk-

lich aus, oder er ist durch die Verbindung mit der Luft verdorben, oder aber er schmeckt nach Korken.

Der Korken hat, wenn man es recht überlegt, zur Flasche gewissermaßen ein Tutor-Verhältnis. Länger aber als etwa sieben Jahre darf er seinem Dienst auf der Flasche nicht nachkommen, weil er im nahen Umgang mit dem Schützling leicht weich, nachgiebig und durchlässig wird. Wer darum in der besonderen Lage ist, alte Jahrgänge zu hegen und zu pflegen, der weiß, daß er etwa alle fünf Jahre einen der älteren Knaben auf den Korken prüfen und gegebenenfalls umkorken muß.

Die Alten bewahrten den Wein in länglichen, unten zugespitzten Tongefäßen auf, die im Sandboden des Kellers steckten. Diese konische Form hatte den Zweck, die Hefe in der Spitze zu sammeln und beim erneuten Umlagern aus größeren in kleinere Tonbehälter den Trub, der sich in der Enge drunten festsetzte, besser zurückzuhalten. Die Öffnungen dieser Behälter aus Ton oder Glas verpichte man mit Gips, Pech oder Harz; kleinere Gefäße wurden – und werden am Mittelmeer noch heute – mit Olivenöl geschlossen, das ja auf dem Wein schwimmt. Zwar kannte bereits Plinius die Brauchbarkeit jener unter der Epidermis der Korkeiche sitzende Zellschicht zum Stöpseln von Glasflaschen. Theophrast, ein Schüler Aristoteles', schrieb sogar schon über die Eigenschaft der Korkeiche, daß die Rinde nämlich, wenn sie geschält würde, schnell nachwachse; aber es sollten noch zwei Jahrtausende vergehen, bis der Korken hinkam, wo er hingehörte.

> *Ein Stöpsel – sitzt er obenauf,*
> *Entscheidet manchen Lebenslauf.*

―――――

Die große Erfindung des Dom Perignon

Bis ins siebzehnte Jahrhundert hinein pflegte man die uns wohlbekannten langhalsigen Weinflaschen mit allen möglichen Mitteln der Dicht- und Pichtkunst zu schließen: mit Gips, Pech, Harz und Siegellack, bis der Liebesgott eingriff, dem Gewürge ein Ende

machte und seinem Brüderchen Bacchus den
Korken zuschnitt und auf die Flasche setzte.
Man möchte sich, wenn man die selbstver-
ständliche Einheit von Wein, Flasche und
Korken vor Augen hat, immer wieder verwun-
dern, daß es eines so hohen Eingriffs bedurf-
te, aber es scheint doch viel schwerer zu sein,
ein Ding an die richtige Stelle zu setzen, als es
von da zu entfernen.

An jenem denkwürdigen Tage nun, da Dom
Perignon seine angenehme Erfindung machte, saß er, der Kellermeister der Abtei von
Haut-Villers, sehr niedergeschlagen in dem
Gewölbe, wo die Flaschen verpicht wurden.
Aus dem Halbkreis des Bogens herab spren-
kelte die Öllampe ein trübes Licht auf Dom
Perignons schon ganz ergrauten Kopf und auf
einige Sektflaschen, die wie die Spitzen von
Kakteen aus dem feuchten Sand hervorsproß-
ten. Sein Blick aber war nicht auf die Flaschen
gerichtet, sondern auf die Eindrücke im nas-
sen Sand, auf die Spur eines kleinen Fußes.

Das Unglück hatte es gewollt, daß die junge
und graziöse Äbtissin von Saint Marcel an
diesem Septembernachmittag einen überra-

schenden Besuch in der Kellerei gemacht
hatte. Dom Perignon aber war, ohne etwas zu
hinterlassen, in die Weinberge geritten. Als
die hohe Besucherin hörte, daß der Pater Kellermeister nicht zu Hause sei, wartete sie, wie
die Laienbrüder ihm auf sein genaues und
vorsichtiges Fragen versichert hatten, über
eine Stunde – und zwar eigensinnig alle anderen Einladungen abschlagend, in dem Gewölbe, wo Dom Perignon seine immer neuen
Versuche im Verpichen der Flaschen betrieb.
Endlich war sie dann in großer Eile davonge-
ritten, und der Zuspätgekommene ver-
wünschte seinen kleinlichen Eifer, der ihn bei
Leseproben im Weinberg nur unnütz aufge-
halten hatte.

Immer wieder strich er sich nun hart über das
Haar, schüttelte den Kopf und starrte auf die
Fußstapfen. Der Sand war bis in die entlegen-
sten Winkel getüpfelt von der Spur, die nur
von ihr stammen konnte; denn niemand sonst
war der Eintritt in diesen Raum gestattet, und
wer außer ihr hatte diesen holden, kaum eine
Handspanne messenden Fuß? Und plötzlich
kniete Dom Perignon in seinem einsamen

Gewölbe, küßte die zierlichen Eindrücke, und als wollte er sie aufschaufeln und an einen schönen Ort tragen, begann er mit beiden Händen die Tupfen im Sand zu unterwühlen und zu betasten. Was er da nun plötzlich, sein närrisches Tun jäh unterbrechend, in der Hand hielt, das war ein Schuh, ein kleiner Schuh, ein Schuh aus schwarzen Seidenbändern und einem hohen Absatz aus Kork – der Schuh der graziösen Äbtissin, die klein von Wuchs war und sich mit dem Absatz, der spanische Mode war, um eines Fingers Länge vergrößern wollte.

Indem aber nun Dom Perignon, noch immer auf den Knien, das Schühchen bald an sein Herz, bald an die Lippen drückte, kam ihm die Frage, wie es denn nur möglich gewesen sei, daß die ehrwürdige Frau Äbtissin ihren Schuh im Sand zurückgelassen hatte? Es konnte doch nur sein, daß sie ihn verloren hatte, ohne es zu bemerken ... Dom Perignon seufzte bei diesem Gedanken vor Wonne auf! Oder aber sie hatte dies Zeichen ihrer Huld absichtlich zurückgelassen ... Dom Perignon seufzte noch einmal, und er ließ den Kopf von

Schulter zu Schulter sinken und wußte nicht, zu welcher der beiden Annahmen er sich entschließen sollte, denn eine jede war süßer, zärtlicher und erregender als die andere.

Und so nun nachsinnend und den Schuh betrachtend, ob er aus Liebe geschenkt oder aus Liebe verloren worden sei, bog er ihn, preßte den Absatz aus Kork aufs Herz und seufzte: »O süßes Geheimnis, wie Wein berauschendes Geheimnis in der Flasche meines Herzens, wer hält dich mir dicht vor den Menschen?«

Kaum hatte er diese Worte wie ein Trunkener gestammelt, als er plötzlich ganz nüchtern den Schuh anblickte, langsam aufstand und das Messer ergriff, mit dem er den Mund der Flaschen von dem überflüssigen Dichtungsstoff zu säubern pflegte. Und er schnitt mit erregtem Lächeln den Absatz vom Schuh, schnitzte ein wenig an ihm herum, daß er wie sein eigener Daumen aussah, und setzte diesen Pfropfen aus Kork, nachdem er ihn mit Bienenwachs eingerieben hatte, auf die Sektflasche, preßte ihn hinein und murmelte, sein Werk betrachtend: »Das geht gut, wenn es gutgeht!«

Und es ging gut. Denn als Dom Perignon die
mit dem spanischen Absatz der ehrwürdigen
Frau Äbtissin verstöpselte Flasche nach fünf
Jahren unter dem Spinnweb des Kellers her-
vorzog und als er probierte und mit freudigem
Schrecken feststellte, daß der Sekt nur nach
sich selber und nach sonst nichts schmeckte,
nicht einmal nach dem Korken aus dem
Schuh der graziösen Äbtissin von Saint Marcel – da ließ er den Abbas aus seiner also gut
verdichteten Flasche schmecken. Die Begeisterung des Abtes und des ganzen Klosters
war groß, und man pries Dom Perignons Er-
findungsgabe. Aber niemandem verriet der
Glückliche, auf wie sonderbare und herzliche
Weise er den Korken entdeckt hatte. Der Äbtissin allein erzählte er – aber nach vielen Jahren, als ihre Absätze bedeutend niedriger geworden waren und diese ihn in solcher Gestalt
nicht mehr zu der Erfindung gereizt hätten –,
welch eine Glücksstunde für den Wein es gewesen sei, als sie damals einander nicht ge-
troffen. Sie aber pflegte zu sagen, wenn er's
nicht hörte: »Der gute Dom Perignon! Er
zerschnitt mir meinen schönsten Schuh, den

ich im Keller verloren hatte. Indessen – zum Wohl!«

Von erlaubter und unerlaubter Zuckerung

Wenn uns ein Winzer nun vor zwei Fässer stellt und aus jedem mit dem Schlauch ein Probeglas füllt und uns sagt: »Den einen habe ich verbessert, den anderen nicht. Welcher schmeckt Ihnen besser?« – dann entschließen sich in den meisten Fällen selbst feine Weinkenner für den verbesserten, das heißt den entsprechend den Vorschriften des deutschen Weingesetzes gezuckerten Wein. Sind der Jahrgang und die Lage klein, das heißt sonnenarm, hat der Wein daher wenig Mostgewicht und viel Säure, dann erwartet uns ein alkoholarmer Surius, und es wäre eine Torheit, aus einem sturen Purismus heraus den schwachen und auch schlecht bekömmlichen Wein unverbessert zu trinken. Ein in einem guten Keller sachgemäß verbesserter Wein kann übrigens nur von einer sehr empfindlichen Zunge als verbessert empfunden werden. Das Weingesetz schreibt vor, daß nur Erzeugnisse aus inländischen Trauben gezukkert werden dürfen, daß der Zuckerwasserzusatz nicht mehr als ein Fünftel der Gesamtflüssigkeit betragen darf und die Zuckerung zwischen der Weinlese und dem 31. Dezember erfolgen muß. Ferner darf die Zuckerung nur innerhalb des Weinbaugebietes und nur unter Aufsicht der Behörde erfolgen. Natürlich ist es unerlaubt, verbesserten Wein als Naturwein in den Handel zu bringen. Doch ist es ratsam, einen nicht naturreinen Wein nur aus guten Kellereien zu beziehen, denn gerade das Verbessern gehört zu den Meistergeheimnissen der Küferkunst.

> *Denn meine Meinung ist*
> *nicht übertrieben:*
> *Wenn man nicht trinken kann,*
> *Soll man nicht lieben,*
> *Doch sollt ihr, Trinker, euch*
> *Nicht besser dünken;*
> *Wenn man nicht lieben kann,*
> *Soll man nicht trinken.*

Das Ohr am Gärspund

Auf den Gärfässern sitzt im Herbst obenauf
ein röhrenförmiges Gebilde, das wie ein
römischer Brunnen um sich her eine Schale
hat; diese ist mit Wasser oder Glyzerin gefüllt,
und von oben wird auf die Röhre ein Becher
gestülpt, dessen Rand unter den Wasserspiegel der Brunnenschale reicht. Der gegen die
Luft sehr empfindliche Inhalt des Fasses
ist auf diese einfache Weise luftdicht abgeschlossen, und doch kann die Kohlensäure
durch das Wasser blubbernd und glucksend
entweichen. Diese Einrichtung, »Gärspund«
oder in herzlicherem Tonfall »Gärdöppchen«
genannt, hat in der Jugend des Weines dieselbe Bedeutung wie in den Pubertätsjah-
ren des Menschen das Tagebuch oder das
Ohr eines ruhigen Freundes, der zu einem
verschwiegenen und immer bereiten, das
heißt gärdöppchenhaften Zuhören geeignet
ist.
Was aber geht denn nun, fragt sich der Zuhörer, in diesen dunklen Gärfässern des Menschen und des Weines eigentlich vor?

Es ist nicht genug, auf das Gebrodel und Gegluckse zu hören. Da wir nicht durch die Dauben der Fässer sehen können, wollen wir in uns selber hineinblicken, ja, erinnern wir uns ehrlich und genau, und wir wissen, was das bedeutet: der Most gärt. O wie dunkel war es, und wie ungestüm kam der feine Bodensatz, den wir gar nicht bemerkt hatten, hoch! Jede Stelle in uns geriet in Bewegung, eine Macht wie ein gewaltiger, unsichtbarer Rührlöffel warf uns im Kreise. Die Proben unseres Wesens im Reagenzglas erzieherischer Untersuchungen zeigten eine lehmige Trübung, die in den Mienen der Lehrer und Vorgesetzten eine uns ängstigende und unbegreifliche Strenge bewirkte. Man hielt uns diese Trübung vor, als hätten wir selber sie verursacht, und man warf uns gar vor, daß wir »mit der Hefe« Umgang hätten. Unser Wesen erwärmte sich wundersam von innen her, ein Sturm von Gefühlen, der sogar die Gedanken heiß machte, überfiel uns angreiferisch aus einer vollständig unbekannten Mitte her. Diese anziehenden, herrlichen, aber auch unheimlichen Gefühle traten sozusagen aus dem Strom des Blutes ans Ufer unserer Träume, Gesichte und Wünsche. Alles, was in uns unbekümmert war, dicklich, ruhig und von Ahnungslosigkeit süß und dumm, das wurde in diesem furchtbaren, heißen Wirbelwind leicht und flüssig und durchsichtig. Und langsam teilte sich die feine personale Säure unserm Wesen mit, jene herbe Kraft des kritischen Abstandes zu sich selber und zur Mitwelt, ohne die niemand er selber werden noch bleiben kann.

Wohl uns, wenn das Gärdöppchen bereit war und überdies der weise Erzieher, der wie der Winzer über dem Faß die Gärung führt, daß sie nicht zu früh abbricht, aber auch nicht endlos dauert, denn beides bedeutet für den Wein wie für den Menschen einen nicht wiedergutzumachenden Schaden. Durch welche Elemente im Menschen die Gärung bewirkt wird, das wissen wir. Was aber ist es, das aus dem Most den Wein macht?

Da liegen im Weinberg winzige, einzellige Pflänzchen, Pilze, die sich durch Spaltung vermehren. Wir gewahren sie so wenig wie die Wespe sie gewahrt, die im Herbst über

den Weinbergsboden krabbelt und dann auf-
fliegt und auf eine faule oder angestochene
Traube die kleinen Pilze schleppt und nichts
von dem Liebesdienst weiß, den sie den Pil-
zen, dem Wein und damit uns erweist. Auch
der Wind nimmt die kleinen Pilze auf seinen
Flügel und wirft sie wie eine Handvoll unsichtbaren Segens über den Weinberg. Ebenso trägt sie der Regen von Blatt zu Blatt, bis in
die geplatzten Beeren hinein. Und die Beeren
nehmen die unsichtbaren Gäste mit, die zu
klein sind, als daß der Druck der Kelter ihnen
schaden könnte. Und schließlich sind sie im
Faß, im Most mitten drin und beginnen ihr
Werk. Das heißt: sie denken nicht an den
Wein, sondern ausschließlich an ihr eigenes
Dasein. Es sind nüchterne, nur auf Nahrung
und Fortpflanzung bedachte Zuckerpilze. Sie
vermehren sich durch Sprossung, und an
einem einzigen Tag kann so ein eifriger
Sprosser mehrere Millionen Sprößlinge
haben. Was sich derart vermehrt, bekommt
Hunger, und so überfallen sie nun den Most,
denn sie haben alles von ihm: Leib und Leben, Essen und Arbeitsplatz. Aber wenn sie

einmal ihren Zelleib aufgebaut haben und
nun den süßen Most durch ihre hungrigen
Kämmerlein schleusen, bleibt nur ein Teil
in ihnen für den Zellhaushalt zurück. Der
Rest geht von der Hefezelle verwandelt wieder ins Ganze. Und dieser für die Zellen un-
brauchbare Rest ist der Stoff, der uns den
Wein beschert: Alkohol und Kohlensäure.
Die Gärung ist also nichts anderes als der
Stoffwechselprozeß in der Hefezelle, in welchem Zucker in Alkohol und Kohlensäure
zerlegt wird.

Die Alkoholbildung – und damit die Gärung
– hält so lange an, als Zucker vorhanden ist,
sollte man denken. Aber das stimmt nicht. Ist
mehr als 28 Prozent Zucker im Most, kann
die tüchtigste Hefezelle nicht weiterarbeiten,
denn der durch die Spaltung entstehende Alkohol wirkt in größeren Mengen nunmehr
rückwärts auf die Hefezellen als Gift und tötet
sie ab. Die Zellen dürften ruhig von einem
Fluch der guten Tat sprechen, denn je tüchti-
ger sie Zucker spalten, desto schneller ver-
nichten sie sich selber.

Most aus Trockenbeerenauslesen, die manchmal sehr viel Zucker enthalten, kann darum nicht ganz durchgegoren werden, es bleibt jene »unvergorene Süße« zurück, die sich später auf der Flasche noch verwandeln muß. Kein Wein kann aus diesem Grunde durch die normale Gärung mehr als 14 Prozent Alkohol enthalten. Der Zuckergehalt im Most, von dem hier die Rede ist, macht das sogenannte Mostgewicht aus. Es wird vor der Gärung ermittelt, da der Winzer wissen muß, ob der natürliche Zuckergehalt des Mostes hinreicht oder ob eine Zuckerung im Sinne der Weinverbesserung erfolgen soll. Das Mostgewicht wird durch die oechslesche Waage festgestellt. Es ist ein Aräometer, das in den Most getaucht wird. Je höher der Zuckergehalt, desto höher bleibt die Mostwaage oben. So kann man denn die für den Wein so entscheidungsvollen »Oechsle« an der Skala der Waage ablesen.

Diese nüchternen Angaben über den Wein haben für uns, wenn wir im Wein das Schicksal des Menschen vorgebildet sehen, sinnbildliche Bedeutung. So spricht der Wein, wenn er im Faß liegt und nun erst langsam er selber werden soll, er spricht wie der Mensch:

> *Gebt mir zu tun.*
> *Das sind reiche Gaben!*
> *Das Herz kann nicht ruhn,*
> *Will zu schaffen haben.*

———

Noch einmal Gärung

Die Hefezellen eignen sich auch die übrigen Stoffe des Mostes an: Eiweiß und Mineralbestandteile. Es ist gut für den Wein, wenn der Most reich mit solchen Stoffen versehen ist. Denn sie sind ebenfalls Nahrung für die Hefezellen, und diese müssen stark sein, zahlreich und wohlgenährt, damit sie ihre Verwandlungsarbeit vollständig und entschieden leisten. Es ist auch wichtig, daß die den Hefezellen bekömmlichste Temperatur, 15–18 Grad Celsius, im Faß ist. Die Gärungsleistung muß ferner darauf achthaben, daß die Hefe nicht durch andere Pilze, die auf dieselbe Weise wie die Zuckerpilze und mit denselben Ansprüchen und Zielen heimlich in den Most gelegt sind, geschädigt, ja in ihren Spaltungsgeschäften gelähmt wird. Die Gärung kann durch solche Kahm- und Schimmelpilze derart verschleppt werden, daß der Wein einen unreinen und unangenehmen Gärton erhält, den man »unreine Gär« nennt. Aus diesem Grund setzte früher der Winzer den Bodensatz eines bereits frisch vergorenen Mostes hinzu, oder man nahm dazu angegorene Maische von gesunden Traubenbeeren. Heute jedoch verwenden die modernen Weinkellereien Reinhefe, nämlich rassereine, aus einer einzigen Zelle gezüchtete Hefen.

Ist die Hauptgärung vorüber, mangelt es der Hefe an Nahrung. Die kleinen Pilze sterben nun, nachdem sie eine kurze Zeit in Saus und Braus gelebt haben, buchstäblich an Hunger und Entkräftung, sinken langsam auf den Grund des Fasses, bilden hier das Geläger oder die Trub. Der fast zum Wein gewordene Most, der »Federweiße«, klärt sich, muß aber von diesen Hefevölkern, die nun in Fäulnis übergehen, bald getrennt werden: Der Wein wird also »abgestochen«, das heißt in ein anderes Faß gelegt, damit er nicht durch die Hefe getrübt wird oder einen üblen Beigeschmack erhält. Die Weinregel sagt über die Zeit der Abstiche:

> *Mit dem ersten (Abstich) nicht eilen,*
> *Mit dem zweiten nicht weilen.*

―――――

Der Wein muß ...

Hundert Sätze könnten wir so beginnen und von den zahllosen Hilfestellungen erzählen, die der Winzer seinem Zögling auf dem gefahrenreichen Weg seiner Entwicklung zu leisten hat. Wir beschränkten uns aber, das Ohr am Gärdöppchen, auf ein kurzes, andächtiges Lauschen am Bauch des Fasses. Und wir lauschten nur, weil wir wenigstens andeutungsweise erfahren wollten, was es mit der Gärung, durch welche der Most zum Wein wird, auf sich hat.

Neben dem Zucker hat der Most noch viele andere Bestandteile: Säuren, stickstoffhaltige

Substanzen, Gummiarten, Pflanzenschleime, Pektinstoffe, Kali, Phosphorsäure, Schwefelsäure, Kalk, Magnesium, Natrium, Mangan, Eisen, Aluminium, Kieselsäure, Borsäure; ferner Bukett- und Farbstoffe. Und dieser bestürzende Reichtum der Mitgift gerät in die Gärung und wird hier zum Teil ganz verwandelt, zum Teil aber auch, wenn auch der Menge nach vermindert, unverändert hindurchgelassen.

Im Wein finden wir neben der Wahrheit

und ähnlichen geistigen Geschenken schließlich folgende Stoffe:
1. Alkohol (5–12 %); konserviert den Wein und gibt ihm Feuer und Kraft.
2. Glyzerin (0,4–1,2 %); gibt dem Wein das Schmalzige und ist überhaupt ein Element seines Körpers.
3. Organische Säuren (0,4–1,49 %); Weinsäure, Apfelsäure, Bernsteinsäure, Milchsäure, Gerbsäure (diese eigentlich nur in

Rotweinen), Essigsäure (sehr wenig), Fett-
säure und Salizylsäure.

Während der Gärung wird der ursprüngli-
che Säuregehalt des Mostes wesentlich
verringert. Die Gerbsäure vermindert sich
erst später. Die Säure hält den Wein frisch
und gesund. Nur ein Wein, der das richtige Maß Säure hat, kann seine übrigen
Qualitäten richtig entfalten. Denn die
Säure bietet sozusagen die Folie für jeden
anderen Geschmackswert. Ohne sie ist der
beste Wein fad.

4. Stickstoffhaltige Substanzen (Eiweiß, Al-
bumosen, Peptone, Aminosäuren und Am-
moniumverbindungen). Es gibt Leute, die
den Wein angeblich nur um dieser Bestandteile willen trinken; er sei nahrhaft,
sagen sie, ein flüssiges Sonnenbrot (0,01–
0,04 g in 100 ccm!!!). Diese Substanzen bilden zusammen mit dem Glyzerin den Körper des Weines. Warum sollen sie nicht, so
denken diese Weinesser, auch den Körper
des Trinkenden mit aufbauen helfen.

5. Mineralbestandteile (0,12–0,4 g); Kali,
Phosphorsäure, Natron, Magnesia. In die-

sen Substanzen liegen jene besonderen Geschmackswerte des Weines, die auf den Boden seiner Herkunft hinweisen.

6. Bukettstoffe (sehr geringe Mengen). Es sind Duftstoffe, die sich von der Traube herleiten (Traubenbukette) oder von der Art der Gärung (Gärungsbukette) oder von den inneren Entwicklungsprozessen, die der Wein in der Flasche, also während des Lagerns, durchmacht (Lagerbukette). Während das Trauben- und Gärungsbukett auch von der Nase verkostet wird, wird das Firnebukett fast ausschließlich von der Zunge wahrgenommen.

7. Farbstoffe (in größeren Mengen nur im Rotwein).

8. Kohlensäure. Im jungen Wein viel, in ausgebautem Wein wenig. Die Kohlensäure wird vor allem mit der Zungenspitze wahrgenommen. Sie gibt dem Wein die moussierende Jugend. Im »Federweißen« oder »Bitzler« spielt sie zusammen mit den Gärbuketten dem ahnungslosen Zecher leicht einen bösen Streich, indem sie ihn auf »runde Füße« stellt.

Das also sind die Bestandteile des Weines,
die irdischen, stofflichen, mit dem Reagenzglas feststellbaren, die fast alle »mit
der bloßen Zunge« wahrgenommen werden können. Vermag doch sogar die Zun-
genprobe darüber hinaus – was das Reagenzglas nicht kann! – herauszubringen,
auf welchem Boden und unter welchen
Bedingungen Seele und Körper des Weines entstanden:

> *De Schiefer und de Dung,*
> *Die spürt man auf der Zung.*

Eine unumgängliche Präambel

Vor das Gelingen setzen die Götter den
Schweiß. Das gilt auch von der Kunst des
Weingenusses. Wer da glaubt, es komme darauf an, in möglichst schneller Folge eine
möglichst große Anzahl von Flaschen zu leeren, ohne selber umzufallen oder seine Nachbarschaft umzustoßen, niederzuschreien,
blindhagelvoll den waagrecht liegenden Tep-

pich für eine spanische Wand und den Busen-
ausschnitt der Nachbarin für die Ewigen
Jagdgründe anzusehen; ja, wer wirklich
glaubt, es genüge, sich vom Wein nicht un-
terkriegen zu lassen, der soll sich lieber im Saufen von Brennspiritus und Haarwasser trai-
nieren, aber nicht am frommen Wein versün-
digen – denn solches dummprotzige Trinken
ist wahrhaft Sünde. Diese Art Trinker haben
im stillen die Auffassung, als wäre der Wein
ein Übel, das man durch Trinken vermindern
müsse und durch Übung und Abhärtung
langsam ertragen lernen. Freilich, der Umar-
mung des stürmischen Gottes, ohne zu wan-
ken, standzuhalten, ist auch für den Weinpilger ein Anliegen, aber nicht des Ziels, sondern des Stils. Doch kann es ihm, der die
rauschhafte Begeisterung sucht und die Be-
trunkenheit verabscheut, durchaus geschehen, daß er, entweder aus Unerfahrenheit
oder weil ihn ein unbeachteter, tückischer
Umstand überlistete, auf der glatten Tanzflä-
che des Gottes ausgleitet. Darum soll er gleich
am andern Tage genau feststellen, was der
Grund zu seinem Versagen war. Vielleicht

war es Föhnwetter, oder die Luft war sehr feucht und drückend; vielleicht waren seine Nerven überanstrengt, oder er hatte, ehe er zum Fest ging, zu eilig oder zu wenig oder zu mager, vielleicht aber auch zu fett gegessen. Es kann jedoch auch sein, daß er seelisch nicht disponiert war; denn wer vom Haß vergiftet und voll von Unruhe und Begierden in die Runde der Freunde tritt, kann den Weinsegen nicht erhalten. Vielleicht aber auch war einfach der Jahrgang zu schwer, oder aber – was das Schlimmste wäre: das Getränk, das unter dem Namen Wein vorgesetzt wurde, entstammte der Giftküche irgendeines verbrecherischen hundsföttischen Panschers. Der ahnungslose Weinpilger, der sich noch nicht auf seine Zunge verlassen kann, wird durch solch ein böses und bedrückendes Erlebnis leicht für lange Zeit in jeder Weinflasche dasselbe Gift erblikken, das ihn für einige Tage so elend machte.
Es ist aber auch möglich, daß der Genuß des Tabaks selbst einem stabilen Zecher eines Tages das Fest verdirbt und ihn vor die dramatische Entscheidung stellt, entweder dem Wein oder dem Tabak für immer zu entsagen.

Für den echten Freund des Weins gibt es da
gar keine Wahl; er weiß überdies, daß kulti-
vierter Genuß Selbstbeherrschung, ja Entsagung erfordert.

Und nun die Gläser bereit! Das klare durch-
sichtige Glas bietet dem Auge, das als erster
Sinn erkennt und genießt, die Farbe des Weines. Aus blauen, rubinfarbigen oder gelben
Gläsern zu trinken ist darum ebenso unsinnig
und barbarisch, als stellte jemand einen Ro-
senstrauß in den Kassenschrank. Nur Gewächse von der Mosel, der Saar oder Ruwer
können in leicht grünlichen Gläsern kredenzt
werden, weil diese Farbe der Art des Mosels
entspricht. Da die Hand am Glas, um die Duftstoffe mit der Luft zu vermischen, den Wein in
eine leicht kreisende Bewegung bringt, sei das
Glas nur bis zu eines Fingers Breite unterhalb
des Randes gefüllt. Die großen Glastulpen, die
heute noch zum Kredenzen von Schnäpsen
und Cognac dienen, könnten auch einem ed-
len, alten Wein die Möglichkeit bieten, seine
Duftstoffe besser zu entfalten; denn die Hand
kann in diesem kleinen gläsernen Meer die
funkelnde Feuchte zum Schwanken und Krei-

sen bringen, daß der Kreis des Glases zu
einem Zauberbann wird, über dessen gläsernen Rand jene Düfte emporsteigen, die wir
die Blume oder auch die Seele des Weines
nennen. Was aber die Zunge vom Wein
wahrnimmt, das ist sein Körper. Zwischen
Blume und Körper liegt das Aroma, das von
Nase und Zunge zusammen erkannt wird.

Und nun soll also der erste Schluck – klein
muß er sein! – über die Zunge laufen. Sie
nimmt ihn auf und drückt ihn gegen den
Gaumen, daß über Zungenränder und -wur-
zel der Wein wie ein Tau sich breitet. Sicherlich sitzt in diesem Augenblick, da wir den
Wein erkennen, die Seele in der Zunge. Wir
schließen die Augen, die von der Farbe des
Weines noch voll sind, und die Zunge beginnt
ihr Fest der Begegnung, des Erkennens, der
Liebe. Dem ersten, fast zeremoniellen
Schluck, in welchem die Flasche sozusagen
ihre Visitenkarte abgibt, folgt der zweite, der
entscheidende. Der Mund macht dabei eine
Bewegung, daß die Leute glauben, wir kauten
den Wein. In Wirklichkeit nimmt die Zunge
ein Weinbad. Dasselbe Glied, das bei vielen

Völkern gleichbedeutend ist für das Wort Sprache, wird nun zum Aufnahmeorgan, zum Ohr für die Mitteilungen, für die Sprache des Weines. Die Methode der Zunge ist einfach und für den ganzen erkennenden Menschen vorbildlich: Sie begibt sich ganz und gar in den ihr gebotenen Wissensstoff, sie legt sich der Länge nach hinein, plätschert, planscht, wälzt sich darin; ja, ihr Erkennen wird zu einem wollüstigen Suhlen. Nur das Nilpferd kann derart ruhevoll in seinem Element liegen wie diese sonst doch so unruhige Zunge, wenn die Flut des Weines um ihre Flanken spült und ihr allein durch den Kitzel der bloßen Berührung Elegien und Oden mitteilt, die in keine Sprache hineingehen. Denn was Nase und Zunge uns mitteilen, ist in des Wortes Bedeutung – unaussprechlich.

Wein – der Himmel mit dir, lieber Gottesknecht!
Du kommst mir im Sommer und Winter recht.
Du tröstest die Bauern in Drillichkitteln,
Du tröstest die Kranken in den Spitteln,
Du tröstest die Lahmen und die Blinden,
Wenn sie dich nur vollkommen finden.

Von den Stufen des Weines und den kleinen und großen Begegnungen

Freilich wird eine Zunge, die in einem langjährigen und übrigens ziemlich kostspieligen
Studium die Hochgeschmacksreife erhielt,
nicht irgendeinen Krätzer oder ein harmloses
Kerlchen, das sich auf seine Verwandtschaft
mit dem großen Wein beruft, diese Ehre der
feierlichen Begegnung erweisen. Jeder Wein
muß seiner Stufe entsprechend getrunken
werden. Es gibt einen Wein, den man nur
kniend trinken dürfte, andere wieder müssen
einsam mit der Liebsten oder mit einem
Freund getrunken werden, weil ihr Charakter
nach Stille, Abgeschlossenheit, ja Zärtlichkeit
drängt. Es wächst sogar ein Nikodemuswein,
der wie Öl auf der Lampe des geistigen Gesprächs wirkt. Und dann die Kneipweine –
unbeschwerte, unkomplizierte Knaben, bei
denen man lacht und sogar singt. Und der
Tischwein, der das Essen adelt, indem er es
aus dem Bereich des Sättigungsvorgangs hebt
und zu einem Fest macht! Und der freundli-
che Landwein, den irgendein Bauer am Bo-

densee, in Umbrien, in Kastilien, in der Argo-
lis dem Fremden an der Gartenmauer kredenzt! Man trinkt ihn täglich und weiß her-
nach, was es mit dieser Landschaft auf sich
hat. In den südlichen Ländern ist es gerade
dieser selbst von den Mittellosen täglich ge-
nossene Wein, der Sitte und Charakter der
Völker, die Art des Essens und der Gesellig-
keit auf eine wesentliche Weise mitformt.
Wer weiß, welche Formkräfte im täglichen
mäßigen Weingenuß liegen, bedauert es
sehr, daß der Preis selbst eines schlichten
Weines, falls man ihn nicht zu Hause trinkt,
sich auf dem Weg vom Winzer zum Verbrau-
cher oft verdreifacht. Gewiß, es gibt auch
noch den Engelswirt, der etwas von Wein versteht, ihn hegt und pflegt, und der nicht nur
wohlmeinend und rechtschaffen ist, sondern
auch so klug, um zu wissen, daß, wer weniger
verdient, mehr verdient. Denn der Freund des
Weines kennt bald jene Plätze, wo das bleiche
Gebein der unter die Räuber gefallenen Gäste
unter den strahlend weißen Tischtüchern bei-
gesetzt ist.
So haben wir nun, ehe wir den ersten Schluck

aus der gewissen Flasche nehmen, dem Wein
in allen seinen Erscheinungsformen und auf
all seinen Wertgraden unsere schuldige Reverenz
erwiesen, denn es soll uns keiner des gerade
im Bereich des Weines leider häufig anzutreffenden
Snobismus bezichtigen dürfen,
daß nämlich unser Interesse erst bei Spät-
und Trockenbeerenauslese erwache. Nunmehr
drehen wir die gewisse Flasche herum,
wir bewehren das Auge und lesen die Visitenkarte
des großen Besuchs. Diese Lesung aber
geschieht leise, denn für jeden trägt die beste
Flasche seines Lebens ein anderes Etikett.
Immerhin – wenn wir uns einmal erinnern –,
war's nicht, da wir den ersten Tropfen über
unsere an soviel Enttäuschungen und Entbehrungen
gewohnte Zunge rinnen spürten,
als hätten wir etwas von jener in den Dingen
dieser Welt geheimnisvoll verborgenen Güte
gekostet? Und wir hatten gedacht, die Mitgift
dieses reichen Jünglings wäre längst vertan.
Aber siehe da, in dieser gewissen Flasche
stand die Zeit still – und doch auch wiederum
nicht! Sie sprach ein langsames Verwandlungswort,
silbenweise, durch die Jahrzehnte.

Wahrlich, alt ist er geworden, uralt – und hat doch nicht von seiner herrlichen Jugend gelassen – und noch von einer sanften Kraft erfüllt, die einem großen Feuer zu vergleichen ist, das sehr tief liegt und darum milde die ganze Breite und Tiefe dieses Weines erfüllt. Wir trinken ihn still, senken den Kopf, und wenn dem einen oder andern von uns die Augen feucht geworden sind, so ist es nicht schlimm; denn es ist ja keiner unter uns, der diese Erschütterung über die einmalige Begegnung mit dem Weingott nicht verstünde.

> *Es reiche aber,*
> *Des dunklen Lichtes voll,*
> *Mir einer den duftenden Becher,*
> *Damit ich ruhen möge, denn süß*
> *Wär' unter Schatten der Schlummer.*

———

Und nun beginnt die Weinpilgerfahrt

– freilich nur in Gedanken! Denn wollten wir ernst machen und die endlose, heilige Straße des Weines mit bloßen Füßen und einer Pil-

gerflasche am Stecken betreten, wollten wir
auf jedem Boden, den der Weingott durch
eine hellere Epiphanie geheiligt hat, nieder-
knien, so ginge über dieser frommen Übung
unser Leben dahin, und – so muß man be-
fürchten – der lebenslängliche, inbrünstige
Fußmarsch zu den Quellen bekäme nicht nur
der Eisenbahn, den Brauereien, dem Einzel-
handel und fast allen Ämtern und Berufen
und Geschlechtern und Altersklassen, sondern auch dem Weinbau selber schlecht;
denn am Ende würden auch die Winzer vom
Weinfernweh ergriffen und die nördlichsten,
die von Niederdollendorf, brächen gen Süden
zum Bodensee auf, um Seeweine zu trinken;
die Pfälzer gelüstete es plötzlich nach Wein
von der Ahr oder der Lahn; die Franken würden ihrem alten Drang nach Westen folgen
und in das Mosel- und Saartal eindringen;
und sogar die von ihrem „heuss-lichen"
Weinstolz umnebelten Württemberger könnten am Ende sogar einmal über den Trollinger, Limberger und Remstäler hinausverlan-
gen und mit ihrer Pilgersucht bis ins Glotter-
tal oder sogar den Kraichgau gelangen, wo

man ja, wie sie dann wohl sagen, einen allerdings fast noch schwäbisch zu nennenden
Wein tränken.

Und wenn auch nun manch einer unter den
pilgernden Winzern und Fachleuten an den
großen Weinheiligtümern auf seiner Zunge
manch tiefe Einsicht gewänne und in seinem
vor Lust erschrockenen Herzen eine selige
Geschmackserschütterung erlebte, so könnte
es aber auch ebensogut geschehen, daß mancher nicht mehr nach Hause und in den eigenen Weinberg zurückstrebte. Er könnte ver-
pilgern, nämlich zeitlebens auf der heiligen
Weinstraße bleiben oder sich irgendwo neben
einem großen Weinheiligtum niederlassen,
um den Rest seines Lebens ganz und ohne
Ablenkung der unaufhörlichen Betrachtung
jener himmlischen Dinge zu widmen, die aus
Schiefer oder Muschelkalk, aus Buntsandstein und selbst aus Schwemmland in das Blut
des Menschen zu gelangen trachten. Solch
ewig pilgernde oder als Klausner lebende
Winzer bedeuteten aber schließlich den Un-
tergang des Weinbaus, und es wäre darum ein
Verbrechen und eine Torheit, eine Weinpil-

gerfahrt in allzu rosigem Lichte darzustellen.
Es gibt überhaupt nur wenige Berufszweige,
die der Weinprediger mit gutem Gewissen zu
einer lebenslänglichen Pilgerfahrt ermuntern
könnte, und vielleicht sind es, besieht man's
genau, eigentlich nur die bösen Wirte und die
Finanzbeamten, die man dem himmlischen
Weinbraus auf Lebenszeit überantwortet wissen möchte; diese, damit uns durch ihre Ab-
wesenheit noch ein Scherflein übrigbleibe,
das wir in den Opferstock des Weingottes hin-
eintun können; jene, damit sie die guten, die
Engelswirte auf ihrer Pilgerreise kennenler-
nen und in ihrem ganzen Leben nichts anderes mehr tun, als sich auf Nase und beiden
Backen schamrot zu trinken.

So ziehen wir es denn vor, den Weg nur im
Geist anzutreten. Wir schnuppern an eines
Glases Rand und lassen uns tragen von dem
Duft, der aus dem Schoß der Mutter Erde ins
Unendliche empor will. Unser Blick hat, da
wir so leicht und durch nichts gehindert da-
hinschweben, die Aussicht der Falken; denn
keine gute Lage entgeht uns. Aber wie auch
der Raubvogel sich nicht andauernd auf jedes

erspähte Opfer stürzen kann, werden wir uns manchmal, einfach weil die Fülle endlos ist, zurückhalten, derweil der Schatten jener Gedankenwolke, die uns trägt, über den Weinberg, den wir verschweigen, dahingleitet und ihn segnet.

Pilger, hoch im Wolkenschiffe,
Der du Herz und Schuh willst schonen,
Lieber wärst du doch ein Tippler
Drunten in des Rausches Zonen!

Vom Schwäbischen Meer bis zum Neckar

Da drunten auf dem heiteren Tertiärland mit den Aufschüttungen aus der Eiszeit wächst am Gestade des Sees, seit die Mönche auf der Reichenau und an zahlreichen anderen alten Plätzen ihre Zellen und Kirchen bauten – und das ist über tausend Jahre her –, die Elblingrebe. Burgunder, Ruländer und Traminer haben diese uralte, widerstandsfähige, sehr ergiebige, aber freilich auch schlichteste

unter den Rebarten langsam in den letzten
Jahren zurückgedrängt. Der See und der
Föhn wärmen in einigen geschützteren Lagen die Stöcke, so daß die Beeren bis in den
Spätherbst hängen und zur vollen Reife gelangen können. Dieser Tropfen ist frisch und
herb, im Concerto grosso der Weine ein leichter Zimbelschlag, der an der richtigen Stelle
sitzend durchaus angenehm empfunden
wird.

Dort, wo der Strom, der auf seinem Lauf gegen Westen überall Weinberge an seinen
Flanken hegt, sich bei Basel plötzlich besinnt
und seinen Lauf energisch gegen Norden
nimmt und die oberrheinische Tiefebene
schafft, liegt das Markgräflerland und weiter
gen Norden der Breisgau. Auf den alluvialen
Böden überwiegt die Gutedeltraube. Die Gewächse von Mülheim, Niederweiler, Laufen,
Ehringen, Wolfenweiler und viele andere
noch sollte der Weinpilger – etwa in einer hei-
meligen Freiburger Weinstube – gewissen-
haft durchprüfen, und er wird sich wundern,
mit wieviel guter Art diese zartblumigen Weine ihm entgegenkommen.

Einen volleren Klang geben die Weine vom Kaiserstuhl. Kein Wunder, denn sie wachsen auf Lava und dem Hitze speichernden Lößboden. Der Kaiserstuhl stößt das Einsprengsel aus jungvulkanischer Zeit mitten durch das Schwemmland. Er bildet kraterhafte Berglehnen, darauf die Sonne in südlicher Wucht brütet und einen roten Burgunder erzeugt, der in den Namen von Achkarrer Schloßberg, Bickensohler Ruländer und Bischoffinger Silvaner jedem ernsten Weinbibelforscher innerhalb Deutschlands angenehm bekannt ist. Der Kaiserstühler ist ein voller, würziger und funkenstiebender Wein, doch sollte man bei der ersten Begegnung mit ihm nicht gleich plumpvertraulich werden und die Unterhaltung zu lange ausdehnen, denn man sagt von ihm, er benehme sich wie ein Esel, der plötzlich nach hinten ausschlägt und jeden Reiter abwirft.

Die Ortenau (mit Offenburg), die Bühler Gegend (mit Baden-Baden) und der Kraichgau (nördlich von Karlsruhe) schließen sich als die bekannteren badischen Weinbaugebiete gegen Norden an. Hier endlich gedeiht die Ries-

lingrebe, die in Mittelbaden »Klingelberger«
genannt wird und bereits einen dieser Rebe
entsprechenden Tropfen mit rassiger Säure
hervorbringt, der auf der Zunge angenehm
andauert. Daneben werden die schwerkörpe-
rigen, feinblumigen Ruländer Weine angebaut, aber auch der in der Ortenau als »Clev-
ner« bezeichnete Traminer, ein seiner Art
entsprechend säurearmer und an Duftstoffen
reicher, starker Wein, ähnlich dem Silvaner,
der in Mittelbaden als ein süffiger, duftiger
Tropfen hier wie auch anderswo bei Damen,
Badegästen, Fremden und überhaupt bei
weicheren Naturen sich einzuschmeicheln
versteht. Daneben werden im badischen
Weingebiet noch zahlreiche andere Rebarten
angebaut, und nur im Württembergischen
finden wir eine ähnliche Mannigfaltigkeit innerhalb der von altersher angebauten Rebarten.

> *Nützt dem Pilger das Dozieren*
> *Über Böden, über Reben?*
> *Was der Wein uns mitteilt, wohnt ja*
> *Überm Wort und auch daneben.*

Ein heimlicher Wein

Warum wir den Wein aus Württemberg wohl einen heimlichen Wein nennen? Nun, sein Ruf drang aus den stillen Tälern, wo er wächst, noch nicht hinreichend in die Öffentlichkeit. Wenn man aber bedenkt, daß in Württemberg 6726 ha mit Reben bepflanzt sind und daß auf einem Hektar 45,3 hl Wein im Jahre 1948 geerntet wurden (in der Pfalz dagegen nur 42,2 hl) und daß z. B. 1948 in diesen Weintälern insgesamt 303 439 hl geerntet wurden, dann drängt sich jedem denkenden Menschen die naheliegende Frage auf: Wo in aller Welt versickert alljährlich dieses rote Meer von Trollinger und Limberger? Wo bleibt der mundige Silvaner aus dem Kocher- und Taubertal und wo vor allem der artechte Riesling aus dem Remstal, der volle, harmonische, wie weißer Burgunder sich darbietende Neipperger Seeberg und der Fleiner Altenberg, dessen Blume wie bei einem guten Mosel steigt? Und wohin vor allem verschwindet alljährlich die Weinsberger Neuzüchtung »Sandrot«, ein Wein, der alle roten

Burgunder aus Deutschland anführen dürfte?
Ja, wo bleibt dieser heimliche Wein aus Würt-
tembergs stillen Tälern? Nun, Schwaben hat
wie auch Franken ein okzidentales Klima.
Das bedeutet, wie man weiß, sehr kalte Winter und heiße Sommer, was zur Folge hat, daß
die Leute bald unter Hitze, bald unter Kälte
leiden und in ihrer Not keinen anderen Aus-
weg wissen, als den Wein sowohl als Kühlung
wie als Wärmequelle zu benutzen. Und nun
können es sich überdies auch noch die
Schwaben ebenso wie die Franken leisten,
ihren Wein selber zu trinken, denn sie sind –
cave vinum! – nicht nur Winzer, sondern auch
Obstzüchter und Landwirte. Und gerade weil
man in Württemberg wie in Franken nicht
ausschließlich dem Weinbau obliegt, wurden
diese Landschaften stärker als jene andern,
wo der Weinbau das Alpha und Omega der
bürgerlichen Existenz darstellt, vom Geist des
Weines geprägt. Denn sie können in ihrer
wirtschaftlichen Unabhängigkeit seit Jahrhunderten mit Goethe sprechen:

> *»Meinen Wein*
> *Trink ich allein,*
> *Niemand setzt mir Schranken.«*

Kein Wunder nun, daß ein solcher Wein, der durch Jahrhunderte nicht mit anderen zu wetteifern brauchte, indem er aus dem eigenen Keller auf den eigenen Tisch oder höchstens aus einem Keller in den andern wanderte, sich nicht verfeinerte, sondern blieb, was er war: ein bäuerlicher, herber Volkswein, der im »Viertele«-Takt aus den Fässern floß durch die Adern eines Volkes, das fleißig ist, etwas auf sich hält und sich darum einen Weinberg nach Art der alten weisen Völker als privaten Rauschacker gönnt. In den letzten Jahrzehnten hat sich nun der württembergische Weinbau und seine Kellerwirtschaft derart entwickelt, daß in Kennerkreisen vor allem seine Rotweine hochgeschätzt sind. Und doch ist er nur sehr selten selbst auf einer reichen Weinkarte außerhalb Schwabens vertreten. Und fast möchte man annehmen, daß der Schwabenwein, seit sich sein Ruf derart verbessert hat, nunmehr noch schneller und noch heimlicher verschwindet in jenen stillen Tälern. Und es ist nicht ganz von der Hand zu weisen, daß die Fabel, die württembergischen Weine hielten sich nicht lange und seien in Flaschen schlecht zu transportieren, in Umlauf gesetzt wurde von jenen vorsichtigen Schwaben, die lieber Maschinen und alles mögliche exportieren als ihren Rebensaft, mit dem allein sie weinehelichen Umgang haben mögen – erschiene doch einer urschwäbischen Seele ein Rausch, der von einem nichtschwäbischen Wein stammt, fast als ein Bankert. Der fürsorgliche Drang der Schwaben, nicht durch leichtsinniges Exportieren den eigenen Bedarf zu gefährden, ist überdies, nun allen Ernstes gesprochen, in einer Landschaft, in welcher der Frost immer wieder die Hoffnungen der Winzer zum Teil und auch ganz und gar in einer einzigen Nacht niedertritt, nur allzu berechtigt. Hätten zum Beispiel die schwäbischen Weingärtner ihre üppige 48er-Ernte vorzeitig zum größeren Teil exportiert, so hätten sie im darauffolgenden Jahr, als man in Württemberg die schlechteste Ernte seit fünfzig Jahren einbrachte, ihren Roten in

Baden oder an der Ahr bestellen müssen, ein
Handel, der in Schwaben selbst sicherlich als
Schwabenstreich in die Geschichte eingegangen
wäre. Aber vielleicht auch hätten die
Schwaben lieber Entsagung geübt, und es
hätte noch einmal geheißen: »Und mancher
brave Schwabenmann hat da den Trunk sich
abgetan!«

> *Pilger, schau, durch all die Böden*
> *Dringt die Rebe – und dringt tiefer!*
> *Was da trägt und nährt und wartet,*
> *Ist nicht Kalk und Lehm und Schiefer!*

―――――

Frankenwein – Krankenwein

So heißt es in Franken. Nach diesem alten
Volksspruch müßte man schließen, daß die
Leute in Franken allesamt und andauernd
krank seien. Denn vielleicht in keinem andern
deutschen Weinland sitzt man so still
und innig in den weithalligen, uralten Weinstuben,
in den Wein-»Spitälern«, und nimmt
die Arznei, die Sonne und Heimaterde ihrem

braven Frankenvolk mischten. Selbst alte Damen sieht man bis spät in die Nacht um eine ansehnliche Anzahl von halben, oder sagen wir lieber: halbwüchsigen Bocksbeuteln sitzen. Unter dem weißen Haar der Bacchantinnen glühen die Bäckchen, ihr Blick ist vom Wein gelöst und doch von seiner frommen Schwere gehalten. Ja, in Franken sehen die Zecher heiter und zugleich andächtig aus. In diesen weiten gastlichen Weintempeln schallt kaum einmal ein ausgelassenes Lachen oder jenes die Nerven des frommen Zechers zerreißende Kreischen tief aus den Lenden einer angetrunkenen Frau, es wären denn Fremde, Sauftouristen, die nicht wissen, daß man in Franken zwar die irdische Verzücktheit liebt, aber eine, die Art und Form hat und auch einen Tropfen Stille in ihrer Mitte bewahrt.

Der Weinbau in Franken reicht bis ins achte Jahrhundert zurück. Auch hier hat Karl der Große sich als Urwinzer erwiesen, indem er die grünen Kolonnen seiner Rebensendlinge langsam von Unterfranken gegen Osten vorrücken ließ. Bereits 911 gibt es Urkunden über Weinbestände in Oberfranken. Der fränkische Weingarten dehnte sich einst gegen Süden bis zur Donau aus, gegen Osten bis zum Fichtelgebirge, und gegen Norden drang er die mageren Hänge der Rhön empor. Der Dreißigjährige Krieg, die regelmäßigen Frostjahre und nicht zuletzt die Reblaus drängten den Rebenanbau in den letzten Jahrhunderten immer mehr zurück, so daß im Jahr 1924 von der alten fränkischen Weinherrlichkeit nur noch eine Fläche von 2500 ha Rebland vorgefunden wurde. Wo einst Weinäcker lagen, ziehen sich heute die gelben Streifen der reifen Gerste hin, welche die Nähe zu Bayern und zum Bier verraten. Selbstverständlich konnte auf der einst so ausgedehnten und oftmals armen Anbaufläche nur die anspruchsloseste der Reben: die Elbling gedeihen, die sich im gemischten Rebsatz noch bis ins vorige Jahrhundert erhielt. Seit fünfzig Jahren bemüht man sich, den reinen Rebsatz durchzusetzen. In langjährigen Versuchen hat man erkannt, daß die Silvanerrebe den harten Klimaschwankungen Frankens am besten entspricht. Freilich gibt es auch einige geschützte Höhenlagen, die den Anbau von Riesling erlauben, so in Würzburger Stein und Leisten, im Randersacker und im Hörsteiner Reusch und Abtsberg. Günstige Jahre schenkten in diesen Lagen Kreszenzen, die zu den deutschen Spitzenweinen rechneten. Die witterungsstarke und ertragreiche Müller-Thurgau-Rebe, eine Kreuzung aus Riesling und Silvaner, hat sich neben der Silvaner wie anderswo auch in Franken sehr bewährt. Im übrigen ist es ein weitverbreiteter Irrtum, den Frankenwein kurzweg als Bocksbeutel zu bezeichnen. Wenn man bedenkt, daß die Rebe in Unterfranken auf Buntsandstein, im Weindreieck Mittelfranken auf Muschelkalk und am Obermain auf Keuper steht, weiß man auch, wie durchaus verschieden der Frankenwein ist. Im ganzen genommen erdhaft und kraftvoll und angenehm ins Blut gehend, variiert er im einzelnen derart, daß ein feingeistiger Hörsteiner schon eher mit einem Rheingauer verwandt scheint als mit einem Gewächs aus Eschendorf oder Sommerach oder Iphofen. Alle jedoch stecken im gleichen Bocksbeutelgewand, alle tragen das gleiche, schlichte, geschmackvolle Etikett, als wollten sie auf die unerhörte Geschlossenheit dieser Landschaft hinweisen, die dennoch ebenso wie ihr Wein reich ist an Wechsel und Variation.

Wer von einer Sommerreise aus Franken heimkehrt, hat, wenn er sich erinnert, noch lange drei Farben vor seinen Augen: das Grün der sanften, weit ausschwingenden Hügel und ebenen Uferwiesen; das glühende Rot über den aneinandergedrängten Dächern der Dörfer und turmbewehrten Städtchen; das Gelb der Milchkühe und endlich das Gold des Frankenweines, das – so möchte man wünschen – vom gewiß auch nicht häßlichen Gold der wie Bier schäumenden Gerstenfelder nicht überstrahlt werden möge!

> *Grüß auch jene kahlen Hügel,*
> *Pilger, im Vorüberschreiten.*
> *Denn der Rausch, der dort einst blühte,*
> *Gilt für heut und alle Zeiten.*

Auf der Weinstraße

Während sich die Weinberge meist einem
See oder Fluß an die Flanken drängen, liegt
das Pfälzer Rebenland an den Ufern einer
Straße, die das in niedrigen Wellen der
schnurgeraden Stockreihen flutende Meer
durchschneidet und darum Weinstraße heißt.
Diese einzigartige Straße läuft in sanftem Auf
und Ab über die Vorhügel der Haardt, deren
Höhenzüge den Wind vom Westen her abhal-
ten. Man muß an einem Sommer- oder
Herbsttag diese Fahrt machen. Dann liegt ein
grüner oder goldener Glanz auf diesen sanft
geschwungenen Rebfeldern. Man denkt bei
ihrem Anblick an den weichen Schwung jener
plastischen Flächen, die sich zwischen Krup-
pe und Flanke eines schweren Ackergaules
wölben. Es ist der Buntsandstein, der diese
köstlichen, ineinanderfließenden Rebenram-
pen und -runten bildet und dem Pfälzerwein
der Mittelhaardt seine feurige Erdkraft und
kernige Fülle verleiht. Und auf den Hügeln,
mitten in diesem endlos wogenden Trauben-
meer, liegen jene kleinen Orte, deren Name

wie Galle in unser Glas tropft, wenn in jenem Augenblick, da wir uns ihrer erinnern, unser Becher einen genormten oder gar genotzüchteten Tropfen für uns bereithält. »Ja, Ruppertsberger Hoheburg«, sagt da plötzlich einer in der Schoppenstecherrunde, und da schieben gleich zwei oder drei ihren »Natur« oder »Spezial« mit einer unwirschen Gebärde zurück und sehen für Augenblicke vollständig abwesend und manche sogar ingrimmig in die Ferne. Endlich unterbricht einer, beinahe stichelnd, das schwermütige Schweigen: »Und wie wär's mit einem Deidesheimer Kalkofen, Spätlese?« Der nächste fährt auf, als wollte er dem Stichler parieren: »Und ein Forster Jesuitengarten, auch nicht schlecht, wie?« Wachenheimer Rebbächel! Wachenheimer Gerümpel! Kallstädter Saumagen! Die Namen fallen wie Trümpfe, bis einer den Finger hebt und mit grimmig verklärtem Gesicht flüstert: »Nein, nein! Deidesheimer Hohenmorgen, 50er Auslese! Das wär's, damit möchte ich mich bescheiden!«

Leicht entsteht aus solchem Etikettenrausch ein heftiges Hin und Her. Das Ende aber ist,

daß einer nach dem andern ernüchtert zu
seinem Schoppen »Natur« oder »Spezial« zu-
rückfindet und Sätze vor sich hinmurmelt wie
diese: »Name ist Schall und Rauch!« Oder:
»Mein Spezial in diesem Glas ist besser als
dieser Ihr Deidesheimer in Ihrer vollständig
leeren Behauptung!« Oder einfach: »Man
sollte nicht gut von Abwesenden reden –
wenn es Weine sind!«

> *Pilger, daß dich nicht verwirre*
> *Füll' und Vielfalt auf den Wegen,*
> *Sprich das Gloria der Lagen*
> *Deinem kleinen Wein als Segen!*

Im wärmsten Winkel

Auf jener Strecke, die der Rhein von Worms
bis Mainz zurücklegt, gedeiht an seinen beiden Ufern Wein; an seinem rechten Ufer in
der Höhe von Worms an der Bergstraße: der
Bergsträßer; am linken Ufer: der Rheinhessen, ein Wein, den man neben den Kreszenzen aus dem Rheingau und von der Mosel im

Ausland am besten kennt. Die Wachstümer
von Guntersblum, Oppenheim, Nierstein,
Bodenstein, Ingelheim, Bingen kommen mit
ihrer fetten und oft delikaten Mundigkeit
auch dem Weinfremden sofort auf das
freundlichste entgegen. Dieser Wein wächst
zum großen Teil auf dem Schwemmland des
ehemaligen Rheinbettes. Die meist in der
Ebene oder auf Bodenwellen ausgedehnten
Weingärten sind gegen Westen, Norden und
Osten derart geschützt, daß diese Landschaft
und ihr Wein schon fast südlichen Charakter
haben. Rheinhessen hat übrigens in der Geschichte des deutschen Weinbaus eine besondere Bedeutung. In Ingelheim, wo Kaiser
Karls Pfalz lag, war sozusagen das General-
weinquartier des großen Rebenpioniers. Von
hier zogen die Franken aus, um Deutschland
für den Wein zu erobern. Es war dies der
zweite dionysische Feldzug; den ersten unternahmen, wie man weiß, die Römer von Trier
aus, und es gelang ihnen schon früh, über den
Mosel-Saar-Ruwer-Bereich bis zur Nahe vor-
zudringen.

Sehr altes – sehr junges Weinland

so können wir, da wir auf die meist rotbödigen Weinhügel an der Nahe blicken, voll Erstaunen ausrufen; denn sie liegen auf uraltem Weinkataster und sehen doch oft so jung und neu aus, als wären sie erst gestern angelegt worden. In der Tat hat der Qualitätsweinbau an der Nahe später eingesetzt als in den meisten andern großen Weinbaugebieten, aber er hat auf zahlreichen staatlichen und privaten Mustergütern den Vorsprung der andern eingeholt; und indem die Winzer an der Nahe sich später und darum radikaler modernisierten, übernahmen sie in die Neugestaltung ihrer Betriebe auch Verbesserungen, die von der Wissenschaft erst in den letzten Jahrzehnten für den Weinbau erarbeitet worden sind. Münster- Sarnsheim, nahe bei Bingen, Dorsheim, einige Kilometer naheaufwärts, wie viele andere Weinorte nicht am Fluß gelegen; Bretzenheim, Winzenheim, Kreuznach, Niederhausen, Schloßböckelheim und an der oberen Nahe noch Monzingen, das sind ungefähr die Weinorte im Nahegebiet, die man auf

ausführlichen Weinkarten antrifft oder doch
antreffen sollte. Die Kreszenzen, die sich hinter diesen Namen verbergen, sind unterein-
ander sehr verschieden, doch ist ihnen allen,
ob sie auf Buntsandstein oder Porphyr wachsen, ob sie mithin schwerer oder leichter, erdi-
ger oder rassiger, massiver oder schwebender
sind, eine gewisse herbe Lieblichkeit eigen,
ein an Heckenrosen, Walderdbeeren und
Schlehen gemahnendes Aroma. Solch ein
wildwüchsiger Naturcharme betört Nase und
Zunge auf die gleiche Weise. Übrigens gibt es
an der Nahe mehr Weinhexen als anderswo –
Frauen nämlich, welche die Sprache des
Weins verstehen und für Minuten zu Erdmy-
stikerinnen werden und mit Worten anzu-
deuten verstehen, was der neben und über
dem Wort lebende Wein nur der Zunge an-
vertraut:

> *Pilger, wenn's aus diesem Becher,*
> *Wenn's aus diesen Augenschlitzen*
> *Dich zusammen überfällt – dann*
> *Schlag dein Kreuz, und laß es blitzen!*

Auf den Königsterrassen des Weines

Dort, wo der Rhein bei Mainz gegen den Quarzitwall des Taunus anstößt und bis Bingen nach Westen fließt, liegt an seinen nördlichen Gestaden auf anmutigen, schön gegliederten Urterrassen der Rheingau. Dieses Wort hat für den Weinkenner, selbst wenn sein persönlicher Geschmack in eine andere Richtung ginge, einen fast mythischen Klang. Der Rheingau ist der Weingau katexochen; man denkt, wenn sein Name erklingt, nicht an dies oder das, sondern ganz zuerst und selbstverständlich und ausschließlich an Wein, und zwar an einen großen, noblen, an einen Königswein.

Die Natur hat offenbar ein Ideal schaffen wollen; denn in einer geradezu ausführlichen Vorsorglichkeit hat sie über diese dreißig Kilometer Gestade alle Gaben und Gnaden ausgeschüttet, die aus einer Weinbaugegend *den Weingau* machen; also aus einer Landschaft, wo man Wein bauen *kann*, eine solche, wo man Wein bauen *muß*. Der waldreiche Taunus, der dem Rhein die Richtung nach Westen gibt, führt auch den Nordwind und läßt ihn über die Hügel an seiner Südseite hoch hinwegbrausen, so daß er droben am Himmel klären, nicht aber drunten die Pflanzen, nämlich die Reben, anrühren darf. Am hellen Ufer des pappelgesäumten Rheins, also in den Gemarkungen von Eltville, Erbach, Hattenheim, Oestrich, Mittelheim, Winkel stehen die Reben auf Schwemmland und Tertiärmergel, während die Lagen auf den Mittelterrassen, den Hügeln und Bergen, also die von Rüdesheim, Johannisberg, Schloß Vollrads, Hallgarten, Kloster Eberbach, Kiedrich, Rauenthal und Frauenstein auf kalireichem, tiefgründigem Schiefer gedeihen. Der nahe, fast schon seehafte Rhein gleicht mit seinem Wasserspiegel allzu schroffe Klimaübergänge aus. Auf den Terrassen und Hügeln aber, die von Taunusbächen durchschnitten sind, lebt die Rieslingrebe als auf ihrer Urheimat. Und mit ihr der Rheingauer, zu dessen ersten Erziehern, ja geradezu Taufpaten alle jene wakkeren Mönche – Benediktiner und Zisterzienser – zählen, die im Schweiße ihres Angesichts den Wald im Laufe von Jahrhunderten auf die Höhe zurückdrängten und diese offenen Sonnenterrassen schufen, deren Kreszenzen bereits im frühen Mittelalter die Geschicke des Rheingaues mitbestimmten. Hier wuchs in der Tat Schicksalswein, denn sein Ruhm riß die Landschaft, die ihn erzeugte, früh in den Strudel der Geschichte. Klöster, Schlösser, Herrschafts- und Amtsgebäude aller Art stehen schützend und fordernd auf den Höhen oder liegen verborgen in den engen, waldigen Quertälern des Taunus, oder sie drängten sich zwischen die altertümlich verwinkelten Fachwerkbauten der kleinen Dorfstädte, die drunten am Gestade des Stromes da und dort ineinander übergehen, während die Häuser der Ortschaften auf den weiten Mittelterrassen wie Lercheneier dicht beieinander inmitten der niedrig bestockten, endlosen Weingärten liegen. Dieser Wein, um den sich Fürsten rauften, der Staatsmännern und Generälen von ihren Auftraggebern als Geschenk – und gleich bergweise! – zugeschanzt wurde, ist eine Synthese von Erde und Himmel. In seinen guten Jahrgängen hat er alles: Körper und Feuer, Markigkeit und

Duft, harmonische Rundheit und lebendiges Spiel.

Der Rheingauer eignet sich wie nur wenige Weine zum einsamen Gesprächspartner; oder er steht neben einem Band Gedichte bereit und hilft beim Umblättern; oder er nährt als Nikodemuswein das späte Gespräch; er tröstet im bittren Verlust, wagt sich bis in die Nachbarschaft des Todes, beschwört die Bilder der Entschwundenen, erhellt die Erinnerung und beschwichtigt den Herzschlag in einer gewissen Stunde vor dem Morgengrauen, wenn der Tag nicht kommen will. Es ist der Wein, den man nicht zum Zechen nimmt; denn der Rausch, den er hütet, ist von einer Art, die mit Erzengeln sprechen macht.

Von Bingen bis zum Drachenfels

Den ganzen Mittelrhein hinab begleiten den Strom, und zwar meist an den phantastichsten Steil- und Rutschhängen, zu beiden Seiten Weinberge. Aber nunmehr läuft die Rebe nicht mehr vom Draht geführt niedrig am Boden entlang, sie steht aufrecht an einen mannshohen Stab gebunden, Stock neben Stock. Von Lorch ab, das noch halb zum Rheingau rechnet, beginnt die heiterklingende Folge der in die Länge gezogenen Weinstädtchen, die, hinter sich die steilen Berghänge und vor sich den dahinglitzernden Strom, im vorigen Jahrhundert, aber auch heute noch das Ziel zahlloser Touristen sind. Gerne verhielte der echte Weinfreund in manchem der uralten Nester den Schritt, das heißt, er parkte gern seinen Wagen neben einem schattigen Wirtsgarten und bliebe auch ein paar Tage, wenn es da nicht den an soviel Orten von ahnungslosen Verkehrsschamanen beschworenen Reisedämon gäbe, der seine singenden, grölenden, saufenden Menschenladungen aus Schiffen, Omnibussen und Sambazügen auf diese Umschlagplätze des Tourismus wirft und dadurch die echten Freunde dieser Landschaft und auch die stillen Weinpilger nötigt, am andern Tag abzureisen.

Am ganzen Mittelrhein gibt es noch einige verstreute Rotweinsprengel, davon die bekanntesten wohl in Ingelheim, Aßmannshausen, Unkel und in Walporzheim an der Ahr liegen, Weine von Burgunderreben, die wie einige Württemberger und mainfränkische Rote in guten Jahrgängen den Vergleich mit dem Urburgunder aushalten, eine Tatsache, die auf verdeckten Proben immer wieder gefunden wurde.

An Deutschlands ältestem Weinfluß

Dieser beschaulichste Fluß bewahrt zu beiden Seiten seiner Ufer über und unter der Erde zahllose ausgegrabene und noch im Schlaf der Vergangenheit liegende Denkmäler an jenes Volk, das Europa zusammen mit den Griechen den Wein übermittelt hat. Welche Traube freilich die Römer an der Mosel angepflanzt haben, ist nicht mehr gewiß. Heute ist es die Rieslingrebe, die an der Mittelmosel, ähnlich wie im Rheingau, ihren idealen Boden findet. Wenn Rebe und Boden sich wie Mann und Frau verhalten, und wenn eine glückliche Ehe der beiden eine unerläßliche

Vorbedingung für einen guten Wein ist, so hat
die Rieslingrebe an der Mittelmosel in dem
weichen, fetten Tonschiefer den besten Part-
ner.

An der Obermosel, etwa von Perl bis Trier,
bestehen die Weinhügel aus Muschelkalk,
ein Boden, der für die Sonne nicht sehr geöffnet und infolgedessen kühler ist. Darum
bringt auf solchem Boden die Rieslingrebe
nur in wärmeren Jahren einen guten Wein.
Die Winzer halfen sich dort bisher mit dem
Anbau von anspruchsloseren Reben, die
schneller reifen, mithin aber auch einen klei-
neren Wein liefern. Eine dieser Rebarten ist
die schon erwähnte »Klemperich«. Der Unterschied zwischen edler und kleiner Rebe
drückt sich in der moselländischen Winzer-
weisheit so aus:

E Rieslingstöckelche
Geft alle Joahr e Röckelche,
E Klemprichstock
Geft all zehn Joahr en Bock oder e Rock.

Was dem Boden an Grundbestandteilen und
Porosität abgeht, ersetzt oft die Steilheit und

die Sonnenlage des Berges. So besteht zum
Beispiel der dritte Abschnitt der Mosel von
Bullay bis Koblenz aus Grauwackeschiefer,
der nur schwer verwittert und infolgedessen
den Rebstockwurzeln nur eine dünne Nähr-
schicht bietet. Und doch wird auch in manchem Ort der Untermosel ein charaktervoller
Wein aus der Rieslingrebe gezogen. In dem
wahrhaft gigantischen Terrassensystem, das
in anderthalbtausend Jahren entstand und
jede Krume der kostbaren Verwitterungs-
schicht sorgsam vor dem Abrutschen bewahrt, wird die Sonne sozusagen wie in stei-
nernen Kelchen oben am Bergesrand aufge-
fangen. Nirgendwo im deutschen und wahrscheinlich in keinem Weinbaugebiet der Welt
gibt es noch einmal Weinberge in solch geradezu ekstatischen Lagen. Und nirgendwo
rückt uns das harte Werk des Winzers deutli-
cher vor die Augen als hier, wo in einer wahrhaft titanischen Gebärde der Mensch sich
seinen Rauschacker zwischen Himmel und
Erde ertrotzt. Dem Blick, der zu diesen »hän-
genden Gärten« hinaufsieht, schwindelt, und
dem phantasievollen Betrachter drunten auf

dem Leinpfad bricht der Schweiß allein
schon bei der Vorstellung aus, wie da seit vielen Generationen die Männer und Frauen die
Hotten mit Dünger auf die Chöre – so heißen
die Terrassen an der Untermosel – hinauf-
und die Beschoffe voller Trauben herabgetra-
gen haben.

Die Geschmacksvarianten des Weines, der an
der Mosel wächst, sind so zahlreich wie die
Mäanderwindungen ihres Laufes. Sein Wesen liegt genau in der Mitte zwischen der
feierlichen Gespanntheit des Rheingauers
und der Naturversponnenheit des Weins von
der Nahe. Er ist rassig, bitzelnd bis zur Mun-
terkeit, geistig; in minderen Jahrgängen mager, rauh und scharf; in den besseren Lagen
und guten Jahrgängen voll einer aromati-
schen Tiefe und hintergründig flüchtigen
Lieblichkeit, dabei immer voll Gespanntheit
und Spiel.

Die Ruwerweine stehen zwischen Nahe- und
Moselweinen; sie haben die Rassigkeit des
Mosel, verbunden mit einer sehr eigenarti-
gen, erdigen Würze. Vom Saarwein aber sagt
man an der Mosel voll einer schönen und

selbstlosen Anerkennung, daß die besten Mo-
selweine an der Saar wachsen ...

Diese Mosel-Saar-Ruwer-Weine sind in
ihren Mittelwerten vorzügliche Kneipweine.
Sie machen den Zecher, der nicht gerade an
Magensäure leidet, fröhlich und beschwingt.
Ihre Edelkreszenzen eignen sich zumal, wie
auch die Naheweine, um von Paaren getrunken zu werden, von jungen, glücklichen Menschen, die sich weder absondern noch allzu-
nah bei den andern sein, sondern ihre Zwei-
samkeit mitten im Strudel bewahren wollen.
Mit diesem Wein bringt man die Schönen
zum Lachen, und sogar Frauenrechtlerinnen,
die sich von ihm betören lassen, vergessen auf
Stunden die wichtigsten Punkte in ihrem Pro-
gramm. Er kitzelt zuerst die Zunge und dann
das Herz. Sein Nachteil ist: er macht lange
Nächte!

> *Pilger, ach, warum das Glas du*
> *Gierig füllst dir stets aufs neue?*
> *Wer vor leerem Glas sich fürchtet,*
> *Glaubt nicht an des Morgens Bläue!*

Die Weinpredigt

Im Jahre 1814 unternahm Goethe seine Reise
»am Rhein, Main und Neckar«. Am Fest des
hl. Rochus sitzt er mitten unters Volk ge-
mischt auf dem Hügel unter der Kapelle, auf
seine Weise auch ein Wallfahrer, aber eher
noch ein Weinpilger. Mit den Freunden
trinkt er den »Eilfer«, der damals denselben
Klang hatte wie unser 49er. Wer seine Eindrücke liest, die er über dies Volksfest nieder-
geschrieben hat, der wundert sich sehr, wenn
er vernimmt, daß der Dichter damals bereits
66 Jahre war. Oder glaubt man nicht, einen
Dreißigjährigen zu hören:
»Niemand schämt sich der Weinlust, sie rüh-
men sich einigermaßen des Trinkens. Hübsche
Frauen gestehen, daß ihre Kinder mit der Mut-
terbrust zugleich Wein genießen. Wir fragten,
ob denn wahr sei, daß es geistlichen Herren, ja
Kurfürsten geglückt, acht Rheinische Maß, das
heißt sechzehn unserer Bouteillen, in vier-
undzwanzig Stunden zu sich zu nehmen?
Ein scheinbar ernsthafter Gast bemerkte,
man dürfe sich zu Beantwortung dieser Frage

nur der Fastenpredigt ihres Weihbischofs
erinnern, welcher, nachdem er das schreckli-
che Laster der Trunkenheit seiner Gemeinde
mit den stärksten Farben dargestellt, wie folgt
geschlossen habe:

›Ihr überzeugt euch also hieraus, andächtige,
zu Reu und Buße schon begnadigte Zuhörer,
daß derjenige die größte Sünde begehe, welcher die herrlichen Gaben Gottes solcherwei-
se mißbraucht. Der Mißbrauch aber schließt
den Gebrauch nicht aus. Stehet doch geschrieben: Der Wein erfreuet des Menschen
Herz! Daraus erhellt, daß wir, uns und andere
zu erfreuen, des Weins gar wohl genießen
können und sollen. Nun ist aber unter meinen
männlichen Zuhörern vielleicht keiner, der
nicht zwei Maß Wein zu sich nähme, ohne
deshalb gerade einige Verwirrung seiner Sinne zu spüren; wer jedoch bei dem dritten oder
vierten Maß schon so arg in Vergessenheit
seiner Selbst gerät, daß er Frau und Kinder
verkennt, sie mit Schelten, Schlägen und
Fußtritten verletzt und seine Geliebtesten als
die ärgsten Feinde behandelt, der gehe sogleich in sich und unterlasse ein solches

Übermaß, welches ihn mißfällig macht Gott und den Menschen und seinesgleichen verächtlich. Wer aber bei dem Genuß von vier Maß, ja von fünfen und sechsen noch dergestalt sich selbst gleich bleibt, daß er seinem Nebenchristen noch liebevoll unter die Arme greifen mag, dem Hauswesen vorstehen kann, ja die Befehle geistlicher und weltlicher Obern auszurichten sich imstande findet: auch der genieße sein bescheiden Theil und nehme es mit Dank dahin! Er hüte sich aber, ohne besondere Prüfung weiterzugehen, weil hier gewöhnlich dem schwachen Menschen ein Ziel gesetzt ward. Denn der Fall ist äußerst selten, daß der grundgütige Gott Jemand die besondere Gabe verleiht, acht Maß trinken zu dürfen, wie er mich, seinen Knecht, gewürdigt hat. Da mir nun aber nicht nachgesagt werden kann, daß ich in ungerechtem Zorn auf irgend Jemand losgefahren sei, daß ich Hausgenossen und Anverwandte mißkannt, oder wohl gar die mir obliegenden geistlichen Pflichten und Geschäfte verabsäumt hätte, vielmehr ihr alle mir das Zeugnis geben werdet, wie ich immer bereit bin, zu

Lob und Ehre Gottes, auch zu Nutz und Vorteil meines Nächsten mich tätig finden zu lassen, so darf ich wohl mit gutem Gewissen und mit Dank dieser anvertrauten Gabe mich auch fernerhin erfreuen.

Und ihr, meine andächtigen Zuhörer, nehme ein Jeder, damit er, nach dem Willen des Gebers, am Leibe erquickt, am Geiste erfreuet werde, sein bescheiden Theil dahin! Und auf daß ein Solches geschehe, alles Übermaß dagegen verbannt sei, handelt sämtlich nach der Vorschrift des heiligen Apostels, welcher spricht: Prüfet Alles, und das Beste behaltet!‹

Und so konnte es denn nicht fehlen, daß der Hauptgegenstand alles Gesprächs der Wein blieb, wie er es gewesen. Da erhebt sich denn sogleich ein Streit über den Vorzug der verschiedenen Gewächse, und hier ist erfreulich zu sehen, daß die Magnaten unter sich keinen Rangstreit haben. Hochheimer, Johannisberger, Rüdesheimer lassen einander gelten; nur unter den Göttern minderen Ranges herrscht Eifersucht und Neid. Hier ist denn besonders der sehr beliebte Aßmannshäuser Rote vielen Anfechtungen unterworfen. Einen Weinbergbesitzer von Oberingelheim hörte ich behaupten, der ihrige gebe jenem wenig nach. Der Eilfer solle köstlich gewesen sein, davon sich jedoch kein Beweis führen lasse, weil er schon ausgetrunken sei. Dies wurde von Beisitzenden gar sehr gebilligt, weil man rote Weine gleich in den ersten Jahren genießen müsse. Nun rühmte dagegen die Gesellschaft von der Nahe einen in ihrer Gegend wachsenden Wein, der Monzinger genannt. Er soll sich leicht und angenehm wegtrinken, aber doch, ehe man sich's versieht, zu Kopfe steigen. Man lud uns darauf ein. Er war zu schön empfohlen, als daß wir nicht gewünscht hätten, in so guter Gesellschaft, und wäre es mit einiger Gefahr, ihn zu kosten und uns an ihm zu prüfen.‹«

So lang man nüchtern ist,
Gefällt das Schlechte,
Wie man getrunken hat,
Weiß man das Rechte,
Nur ist das Übermaß
Auch gleich zu Handen:
Hafis, o lehre mich,
Wie du's verstanden!

Experiment an einem Trunkenbold

St. Augustin, der den mäßigen Weingenuß durchaus billigt, ja empfiehlt, findet sehr harte Worte für den Trunkenbold: »Er ist Gott ein Abscheu, den Engeln zuwider, den Menschen ein Spott, eine Wüste, in der keine Tugend wächst, für die Teufel aber ist er ein Fangball!«

Eine Frau, die das Unglück hatte, mit einem Trunkenbold verheiratet zu sein, hatte lange darüber nachgesonnen, wie sie ihren Mann aus den Fängen des Weines befreien könne. Eines Tages nun glaubte sie, den rettenden Einfall zu haben. Sie buckelte nämlich den Mann, als er wieder einmal steif wie ein Stock betrunken dalag, über die Schulter und trug ihn auf den Friedhof, wo sie ihn in die Leichenkammer niederlegte und einschloß. Dann ging sie nach Hause. Als sie am anderen Morgen annehmen durfte, daß er wieder ein wenig klarer im Kopfe sei, kam sie und klopfte an die Tür. Da hörte sie ihres Mannes Stimme: »Wer klopft denn da?« »Ich bin der Totendiener«, antwortete sie, »ich bringe

den Schatten in der Unterwelt das Essen.« Sie
lauschte, das Ohr an der Tür, und zitterte vor
Neugier, was er sagen würde. Aber er murrte:
»Essen? Plag mich doch nicht mit so irdi-
schem Tun! Bring mir lieber einen Krug Ungemischten.« »Du Säufer«, schrie die Frau,
»in der Unterwelt sollst du es mit Durst bü-
ßen, daß du dich zu Tode gesoffen hast!«

»Das ist nicht gerecht«, rief der Mann voll
Empörung. »Denn wenn ich mich zu Tode
gesoffen habe, ist der Wein der Bote, den mir
der Gott der Unterwelt geschickt hat. Wenn
ihr mich aber für meine Folgsamkeit mit
Durst bestrafen wollt, dann bleib ich nicht
hier, sondern kehr geradenwegs ins Leben
und zum Becher zurück.«

Damit erhob er sich, ging zur Tür, die seine
Frau soeben voll Zorn geöffnet hatte. Als er
sie erblickte, sagte er: »Du wolltest mir wohl
nachfolgen in die Unterwelt? Aber gehn wir
lieber nach Hause! Ich werde dir allerlei erzählen, und du wirst verstehen, warum es geraten ist, zu trinken, solange wir auf der Erde
sind.«

Von den Mäßigkeitsorden

Es herrschte vom Mittelalter bis ins späte Barock seltsamerweise die Vorstellung, der Deutschen Hauptlaster sei die Völlerei. Auch Luther war der Ansicht, daß der deutsche Hauptteufel ein guter Weinschlauch sei und Sauf heiße. Montaigne sieht die Deutschen »im Wein ersäuft – wie sie Wohnung, ihre eigene Sprache und Stellung vergessen.« Und er sagt uns nach, daß wir den Wein trinken, »um zu saufen und nicht, um ihn zu schmekken«. Es wundert uns darum nicht, wenn sich in jenen Jahrhunderten, zumal in Deutschland, eine Anzahl von Mäßigkeitsorden gründete. Vor allem zeichnete sich Kaiser Friedrich III. in diesem Bemühen aus. Dieser fischblütige und müde Habsburger war so nüchternen Sinnes, daß er den Wein geradezu haßte. In der Dekoration, welche die Mitglieder seines Mäßigkeitsordens trugen, sah man Weinkannen, in denen Blumen steckten! Auf jeder Kanne war überdies auch noch ein Muttergottesbild angebracht. Ein Vogel reckte sich aus dem Bild heraus, in den Klauen hatte er ein Schild, darauf stand geschrieben: Halt Maß!

Da auch Frauen – und nicht ohne Grund! – ermuntert wurden, in diesen Orden einzutreten, forderte der Kaiser Friedrich seine Gemahlin gleich in den ersten Tagen ihrer Ehe auf beizutreten. Doch da wiesen die Ärzte auf den ernsten Umstand hin, daß der Wein die Frauen fruchtbar mache. Darauf der Kaiser: »Mir ist ein nüchternes Weib, das unfruchtbar bleibt, lieber als ein weintrinkendes, das Kinder gebiert.« Und zu seiner Gemahlin gewandt fuhr er fort: »Wollet darum den Wein hassen im selben Maße, als Ihr mich liebt!« Darauf die Kaiserin: »Ich habe den Wein bisher gehaßt wie die Sünde. Aber wenn Ihr verlangt, daß ich ihn nicht mehr hassen soll, so sei Euer Wille, der über mein Leben geht, getan!«

Es wurden in ganz Deutschland solche Bruderschaften der Enthaltsamkeit gegründet. Zu den Mitgliedern rechneten Fürsten und Bischöfe. Man leistete Schwüre gegen das Zutrinken, trug Abzeichen, demonstrierte mit Mäßigkeitsfesten und nahm die Übertreter der Statuten in hohe Geldstrafen.

Aber die strengen Wein-Maß-Bruderschaften hatten wie Wüstenpflanzen jeweils eine kurze, heftige Blüte, und bald darauf standen sie wieder im alten Stachelschmuck an ihrem Platz, und niemand konnte sich vorstellen, daß zwischen soviel Dornen eine Blume gediehen war. Schädlich für die Ordensdisziplin waren vor allem die häufigen Zusammenkünfte, während welcher immer neue Statuten ausgearbeitet und neue Maße, die noch erlaubt wären, ausprobiert wurden. Auch gab es unter den Brüdern vom guten Maß solche, die vorgaben, nur um der Armen willen gegen die Statuten zu verstoßen; denn die aus den Sünden der Säufer mit Bußgeldern gefüllte Kasse ernährte alle Notleidenden, die das Glück hatten, in der Nachbarschaft der mit dem Maß ringenden Temperenzler zu leben. Als darum im Laufe der Zeit die von den Ordensstatuten den Mitgliedern bewilligten bußfreien Maße sich mehr und mehr den außerhalb der Bruderschaft üblichen Unmaßen angeglichen hatten, lösten sich die Mäßigkeitsorden nicht etwa auf, sondern sie gingen, ohne daß es recht bemerkt wurde, in Zechbruderschaften über. Die alten Insignien konnten beibehalten werden, denn was der Greif auf seinem Schild den Säuferbrüdern zurief, störte sie nicht. »Halt Maß!« rief das Wappentier. »Wir halten es!« riefen sie zurück und hoben die Humpen.

Doch vom Wein allein
Lebt der waffengeschmückte Odin alle Zeit.

———

Ein beklommener Rückblick auf Säuferinstrumente und Saufsitten in Deutschlands wildester Zeit

Vom Maß zu reden besagt aber nichts, man muß solch ein Gefäß ausgeleert oder doch zumindest ausgelotet haben! Wenn wir uns selbst daran gäben, die in früherer Zeit üblichen Schenkmaße, wie Schoppen, Stotzen, Kanne, Topf, Seidel, Pipe und wie sie alle heißen, in unser heutiges Litermaß umzurechnen, würden wir noch keinen Schritt weitergekommen sein. Denn wir müßten, um die

bedrückende Saufkraft dieser Jahrhunderte
zu ermessen, nun auch noch schmecken, was
für widerköpfige und elefantenfüßige Weine
sie da allermeist tranken, wie häufig sie überdies zum Humpenstechen ritten und gingen
und wie schnell sie den »Fuchs schleppten«,
das heißt wie schnell sie zu viert das wegen
seiner Größe »das Römische Reich« genann-
te Gefäß leerten, bei welcher Saufprozedur
drei vortranken und der vierte mit dem Rest
des Humpens, ohne abzusetzen, fertig werden mußte. Wenn wir Heutigen in den Mu-
seen stehen und die Sammlungen der spät-
mittelalterlichen und barocken Trinkgefäße
halb amüsiert, halb bedrückt betrachten, mögen wir nicht vergessen, daß diese uns schon
fast unbegreifliche Maßlosigkeit des 16. und
17. Jahrhunderts in ihrer Zeit nicht ohne
scharfen Widerspruch und ätzenden Spott
blieb. So heißt es in einer geschriebenen Pre-
digt aus dem Jahre 1580:
»Und Teutschen kann man die Trinkgeschirr
nicht allein nicht groß genug, sondern auch
nicht schön und seltsam genug machen. Man
trinkt aus Affen und Pfaffen, Mönch und

Nonnen, Löwen und Beeren, Straußen und
Kautzen und aus dem Teufel selbst: Ich will
und mag nichts sagen von den unflätigen
Weinzapfen, die aus Kanten, Schlüssel, Hä-
fen, Hüten, Schuhen, Stiefeln, Handbecken
und gar auf eine Sybaritische Weis aus den
Matulis (Nachttöpfen) und Harnkachel einander zutrinken.«

Ein Gott des Unmaßes?

Einem Christen, der nicht weiß, wie die Alten
zu ihren Göttern gekommen sind und zu
ihnen standen, muß es unbegreiflich, ja är-
gerniserregend vorkommen, daß es einen
Gott gibt, der den Menschen mit der Rebe den
Rausch und damit auch das Unmaß gebracht
hat; der überdies, als die Hüter der Ordnung
sich seinem lärmenden, ausgelassenen Kult
widersetzten, seine Gegner mit Wahnsinn
schlug, ja sie durch seine über die Berge ra-
senden Anhänger wie Böckchen zerreißen
ließ. Die Griechen nun haben, wie alle alten
Völker, das eine gewußt: man kann sich die

Götter nicht wählen, und noch weniger kann
man sie nach seinen Wünschen formen. Das
Pantheon ist keine Versammlung von Welt-
kräften, die voneinander unabhängig sind; es
besteht vielmehr aus Ansichtsseiten des
Einen, des Namenlosen, des Unbegreifli-
chen, der für Menschengeist widerspruchsvoll und darum ein verborgener Gott ist. Nicht
also der Mensch setzt sie, sondern sie setzen
den Menschen. Denn der Mensch wird durch
die Erkenntnis eines Gottes und seine Vereh-
rung von Grund auf verändert.

Als der Grieche mit den Wirkungen des Weines bekannt wurde, stand er vor einem Rätsel.
Dieser Saft war stark wie das Meer. Er riß den
hell Berauschten auf einer Woge zu den Göttern empor; oder er stürzte ihn in die Gewalt
des Wahnsinns, der Raserei, in den Vorhof
des Hades. Aber diese verschiedenen Wirkungen ein und derselben Gotteskraft sah er
überall: an den Sonnenstrahlen, am Wind,
am Regen; und schaute er in die Welt des
Menschen, war diese zwiefache Wirkung in
allem vorhanden, was vom Menschen kam
oder auf ihn zuging: Schönheit, Jugend,

Reichtum, ja selbst die Tugend und das alles tragende Leben selber. Jeder Wert – die Götter ausgenommen! – stand auf zwei Füßen, hatte zwei einander entgegengesetzte Ansichtsseiten, so wie der Atem, der aus einem Mund warm und kalt kommen konnte.

Während nun der Mensch von heute geneigt ist, eine Erscheinung nur dann noch als zur himmlischen Welt gehörig gelten zu lassen, wenn sie ihm vernünftig, eindeutig, begreifbar, moralisch einwandfrei und vor allem ihm, dem Betrachter, nützlich erscheint, war die Frömmigkeit des Griechen derart, daß er gerade dort einen Gott erkannte, wo sich eine Kraft kundtat, die unerklärlich, widerspruchsvoll, doppelgesichtig war und erhaben, um den Menschen sich also nicht kümmerte. Er verlangte vor allem nicht von seinen Göttern, daß sie moralisch seien, denn er sah, daß Sturm, Blitz und Erdbeben selbst die höchsten Gebote des Menschen nicht respektierten und doch Manifestationen göttlicher Kraft blieben.

Diese Frömmigkeit des Griechen, die »kindliche Schauer treu in der Brust«, voll einer

echten Demut und voll eines naiven Wirklichkeitssinns die Grenzen zwischen dem menschlichen und göttlichen Bereich zog, nahm deshalb keinen Anstoß an der Ansichtsseite Gottes, die rauschhaft und darum ebenso erlösend wie zerstörerisch sein konnte. Für ihn
kam es nur darauf an – wie es auch heute noch
weise Menschen dem Wein und den anderen
Lebenskräften gegenüber halten –, daß man
dem Gott nicht zu nahe kam. Man wirft sich ja
auch nicht gegen einen rotglühenden Ofen;
verbrennt sich aber doch ein Kind oder ein
Blinder daran, macht niemand dem Ofen
einen Vorwurf.

Der Grieche hatte vor dem Rasen des Gottes
ein ehrfurchtsvolles Grausen; dem tanzenden
Gott aber gab er sich oft und ganz bewußt hin.

Es hat Dionysos, Semeles Sohn,
Die Rebe uns gebracht, der Trauben Blut ver
wandelt er
Zu Wein, daß uns Menschen, wenn wir müde
tief
Im Jammer sitzen, Wärme aus des Gottes Be
cher steigt.

Den Menschen schenkt er Schlaf und tiefen Traum,
Den Göttern gibt sich, selbst ein Gott, Dionysos
Zum Tranke hin – ach, alles haben wir
Durch ihn – durch ihn allein.

Trunken müssen wir alle sein

so sagt der Dichter, und der Puritaner hebt kopfschüttelnd die Augen von der Rechnung, die er gerade ausstellen will, und fragt: »Warum?«
Und der Dichter antwortet: »Ja – warum! Schon allein um Ihr Gesicht zu ertragen. Denn Sie sondern – und nicht nur auf Ihrem Gesicht – Langeweile ab. Sie denken Gleichungen und glauben, damit die Welt zu harmonisieren – vielleicht tun Sie auch nur so, als ob Sie es glaubten. Und Sie reihen Ihre Gleichungen aneinander, an deren Anfang Sie selbst stehen und an deren Schluß Sie wieder stehen. Wenn das nicht langweilig

sein soll ... Und dazwischen: Welt, Glück, Geld, Tugend, Moral, Gott, Sicherheit, Sparkassenbuch, weltanschauliche Generallinie; eins ist oder bewirkt immer das andere, bis Ich gleich Ich ist, oh das kennen wir! Gestatten Sie, daß ich mir sofort eine Flasche bewillige, sonst gähne ich Sie an, und das ist nicht höflich. Ja, wir müssen, wir müßten alle trunken sein – gelegentlich. Das ist ein Würzburger Stein! Gut gegen Gallensteine, die uns beim Anblick von Leuten Ihresgleichen leicht wachsen. Zum Wohl! Ich habe übrigens nichts gegen Ihre Beschäftigung des Rechnungenschreibens. Wenn Sie nur nicht glaubten, daß Sie mit diesem Tun die Welt in Gang hielten oder harmonisierten! Sie tun nichts anderes als der Neuntöter, der seine Würmer auf der Hecke aufspießt. Trinken Sie doch einmal zwei Flaschen und sehen Sie sich dann selber zu, wie Sie dasitzen und Zahlen aufspießen. Ich sage Ihnen, wenn Sie da nicht lachen, sind Sie verloren – für wen Sie verloren sind, wollen Sie wissen? Für das Auge, das Ihnen zuschaut, das auch in Ihnen ist. Wirklich, wir müssen trunken sein, sonst zie-

hen wir Zahlen zusammen und glauben dabei, daß auf der Treppe eins bis neun ein
wirkliches Hinaufsteigen möglich und daß in
der Null ein Geheimnis, ein Wert enthalten
sei. Nach zwei Flaschen sehen Sie vielleicht
ein, daß es mit der Zahl einen Haken hat.
Drei Flaschen zum Beispiel – es sind: eine
und eine und eine! Jede Zahl über eins ist ein
Abkürzungsmanöver und ein Bluff! Diese Erkenntnis kann für Sie von Bedeutung werden.
Außerdem – wenn Sie morgen mittag tot sind,
dann kassieren die Erben Ihre Rechnungen
ein, ja, die Erben, stellen Sie sich vor ... Dann
merken sie, was für ein schlimmer Gauner Sie
mit Ihren ordentlichen Rechnungen waren,
denn Sie haben sich selbst hinters Licht geführt. Ich entnehme nämlich Ihrer Miene,
daß ich Sie beleidigt habe, indem ich an die
Möglichkeit erinnere, daß ein anderer für Sie
kassieren könnte. Mein Gott, wenn Sie
manchmal trunken wären, könnte Ihnen dieser Gedanke keinen Eindruck machen. Sehen Sie, der Rausch ist wie die Flut, die das
Schiff manövrierfähig macht und ins Meer
hinausläßt – ins Grenzenlose. Um Ihre Seele

aber ist immer Ebbe, und dabei ist doch auch sie als Schiff gebaut. Lassen wir die Vergleiche, aber Sie müssen mir doch zugeben, daß es töricht ist und feige, sich dem Grenzenlosen zu versagen; wenn sogar das Tier an der Grenze leidet! Oder wissen Sie etwa nicht, daß die Ameisen, die unsereinem von ordentlichen Leuten Ihres Schlages als Muster zuchtvoller, nüchterner Tatkraft gepriesen werden, daß dieselben Ameisen in ihren vier Wänden ausgemachte Säufer sind und überhaupt nur so ameisig rennen und schuften, um ihren Kellereibetrieb weiter auszubauen, man könnte auch sagen, ihre Weinställe, wo in unabsehbaren Reihen die Boxen für die Läuse sind, für die Weinläuse, verstehen Sie, für die Rauschkühe ... Glotzen Sie mich bitte nicht so an, als ob ich die Schuld daran hätte, daß es so ist, ich meine, daß Ameisen sich ihren Wein von den Läusen melken, nachdem sie diese ihre armen Mittiere vorher in die Boxen sperrten und dort mit feinen Kettchen an den Krippen befestigten. Immerhin sehr praktisch, Weinberg, Rebe, Kelter, Wein und Faß in einer Person zu besitzen – überdies: lokomobil! Ja, die Tiere, sehen Sie, die unvernünftigen Tiere, daß ich nicht lache! Und wie es da zugeht! Legen Sie einmal Ihr Ohr auf einen Ameisenhaufen, der Kirmes feiert. Und da gibt es sogar Ortschaften, wo man jeden Abend zur Laus geht, und zwar so ausgiebig, bis keines dieser vorbildlichen Ameischen auf einem seiner sage und schreibe sechs Beine mehr stehen und sich noch richtig über den Bart spukken kann. Die Tierchen langweilen sich? Kein Wunder bei soviel Ordnung, Vorschriften, Normen und den ewigen Vierwochenplänen! Und da soll sich unsereiner, der es noch viel schärfer merkt als die Ameisen, daß sich der Alltag wie ein Karussell dreht, nicht auf dem Karussell noch ein Extrakarussell einbauen, daß alles durcheinandergeht. Ja – Chaos! Haben Sie Zahnschmerzen, daß Sie bei diesem Wort derart das Gesicht verziehen? Fürchten Sie für das moralische Fundament Ihrer Rechnungen? Keine Angst, der Rausch erkennt die Rechnungen an, die ihm am anderen Morgen für die zertöpperte Einrichtung des Allzuendlichen vorgelegt werden. Er ist ja selbst so etwas wie eine Rechnung, die dem

Himmel zur Einlösung präsentiert wird. Alle
unerfüllten und doch so berechtigten ur-
menschlichen Sehnsüchte sind da unterein-
ander geschrieben, ein gewaltiger Posten!
Und dahinter steht, was sie den Menschen an
Tränen und Qual und Not gekostet haben,
ohne daß sie ihm vom Himmel geliefert oder
der peinvolle Aufwand anderswie entgolten
worden wäre. Lauter Außenstände, mein
Herr, und da heißt es kurzerhand, der Himmel sei uns nichts schuldig! Ja – die weißen
Vogelschwingen für unsere Schultern, daß
wir aufsteigen könnten in den unendlichen
Raum, erhalten wir nicht. Und nicht die Farben vom Regenbogen, womit wir das Haus
unserer Träume auffrischen wollten. Und
man schickt uns nicht den Nachen, der
abends uns hinüberfahren könnte an das Gestade der Seligen, wo die Unseren auf dem silbernen Sand liegen und an uns denken. Und
niemand zeigt uns den Weg zurück in das
Land, wo wir noch ohne Schuld und nahe
dem Anfang lebten, brüderlich zwischen Tier
und Baum und Bach. Und ebensowenig zeigt
uns jemand den Weg dorthin, wo am Rande

der Zeit alles vollendet und befriedet ist und
in der Wonne des Heimgefundenhabens at-
met; wo wir dann wissen, was der Vogel mit
seinem Lied sagte, und wie es der Katze zu-
mute war, wenn sie schnurrte, und warum der
gewisse Sommer verregnete, und woher die
Sonne an einem bestimmten Morgen unseres
Lebens jenen Glanz hatte. Ach, wieviel Sehnsüchte, wieviel Fragen! – Und manchmal
stellvertretend nicht nur die eigenen zu emp-
finden und zu tragen, sondern auch die vieler
anderer! ...

Da hebe ich das Glas, da senke ich die Augen-
lider, und ich lasse mich treiben in der Gewalt
des Rausches wie ein Blatt im Wind. Und
wenn es auch keine Flügel hat, und wenn es
auch weiß, daß der Unfaßbare es liegenlassen
kann, wo er will – es spielt mit ihm, läßt sich
heben, wirbeln, hinauftragen und hält sich für
einen Sommervogel. Soll ich mich dieses
Spiels schämen, weil ich mich täuschen lasse
und so tue, als ob es keinen Morgen gäbe?
Aber ich will mich täuschen lassen, denn ich
will spielen; ich spiele Unendlichkeit, tanze
durch alle Hürden und weiß doch, daß dieses

Glas leer wird und daß ich aufstehen werde
und gähne und sage: Es ist Morgen. Aber es
gehört zum Spiel zu wissen, daß es Spiel ist,
und doch zu tun, als wüßte man es nicht, zu
tun, als hätte sich unter unseren Füßen die
Ewigkeit, die bis dahin nur ein gedachter
Punkt war, ins Räumliche ausgedehnt und
uns in den Kreis unerschütterlicher Gewiß-
heit gestellt. Und ein Feuer bricht in uns auf,
ein singendes Ja durchströmt uns, Kinder-
hände legen sich auf unsere Wunden; und
alles, was uns bis zur Stunde Schmerz und
Bitterkeit bedeutet, wird Quell der Lobprei-
sung.

Und alle Dinge lachen uns an, sogar die Mau-
erecke, die uns durch ihre Unbeweglichkeit
und Härte wehtat; alles zeigt uns jene andere
Seite, die nur Kinder, Liebende und vom Gott
Berauschte erblicken. Der Hund ist nicht
mehr bissig, denn unsere Hand, die ihn strei-
chelt, ist voll Vertrauen und Ruhe. Wir sehen
die ganze Welt berauscht, sogar den Schöpfer
dieser Welt, wie er mit den Elementen spielt
und vielerlei tut, das ebensowenig Nützlich-
keitscharakter hat wie mein Dasitzen vor die-

sem Bocksbeutel, über dessen Form ich plötzlich unbändig lachen muß, während ich mir vorher nichts dabei dachte. Und sogar über Sie, lieber Herr Rechnungsrat, muß ich wirklich lachen. Denn ich stelle mir vor, als Sie zum erstenmal Ich sagten, ja, damals als Sie die Hosen voll hatten und mit der Erklärung Eile hatten, damals begann es in Ihnen mit der großen Täuschung, daß Sie nicht mehr und nicht weniger seien als jener, der alles mögliche in dieser Welt voll und leer macht, der Wünsche und Dinge hin und her trägt und Rechnungen schreibt. Dabei sind Sie ein ganz anderer als der, den Sie Ich nennen, – Sie sind viel umfassender, größer, tiefer, wenn Sie nur einmal mit einer Flasche dem Ich die vier Wände einschlagen und das in tausend Krusten gefangene wahre Ich herausließen in die Herrlichkeit der großen Vereinigung. Prosit!«

Vom Himmel lerntest du das Maß der Zeit,
O Mensch, was bebst du nun beim Schlag der
Uhr?
Gibt sie doch wie der Wächter Antwort nur
Dem Rundgangruf der wachen Ewigkeit.

Drum gib die Stunden, gib die Zeit dahin
Durch aller Glocken gleichmutsvollen Klang!
Hast du den Krug geleert, sei dir nicht bang,
Das Maß hat nur am Weine Kraft und Sinn.

Trink weiter, du, der an den Sternen nimmt
Des Lebens Maß, die Arme breite weit
Und spür in deines Durstes Herrlichkeit
Die Herkunft, die zu keinem Maße stimmt
Als zu der goldnen Traube über dir
In deiner Nächte dunkelstem Spalier.

Quellennachweis

Die zwischen dem Prosatext eingestreuten
Verse sind, wie der Leser, der gelegentlich bei
Goethe zu Gast ist, bemerkt hat, allermeist
aus dem »Westöstlichen Diwan«. Was der
Weingott (S. 23) erzählt, stammt aus Novalis,
»Heinrich von Ofterdingen«.
An verschiedenen Strophen erkennt der Le-
ser Hölderlin.
Der Buchtitel »Des Lebens tiefste Weisheit
liegt im Wein« entstammt einem Gedicht des
persischen Dichters Hafis.

Inhaltsverzeichnis